Inhalt

Kapitel 4 Besuchertouren

Kapitel 5 Stadtrandtouren

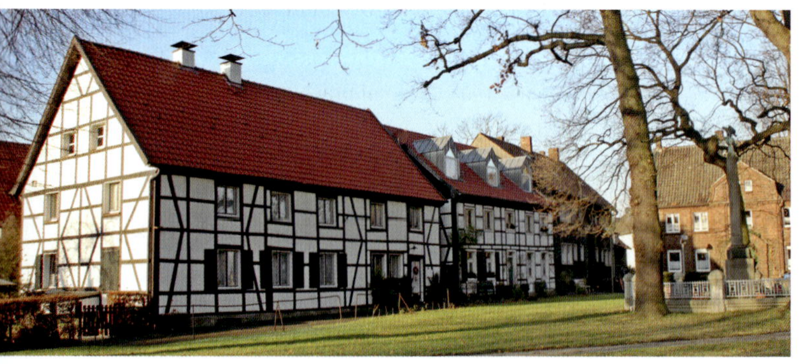

Vorwort

Wissen Sie, was man unter Bescheidenheit versteht? Wenn man die größte Stadt des Ruhrgebiets ist und die achtgrößte Deutschlands überhaupt (ganz knapp hinter Düsseldorf), das aber nicht an die große Glocke hängt! Wenn man auf eine bedeutungsvolle Historie zurückblicken kann und es nicht nötig hat, dies bei jeder Gelegenheit vor sich herzutragen. Und wenn man mit einer architektonischen, kulturellen und touristischen Vielfalt aufwarten kann, mit der man sich hinter den Vorzeigemetropolen des Landes nicht verstecken muss, aber trotzdem immer den Ball flach hält.

Das liegt an den Menschen, die wissen, wo sie herkommen. Auch wenn Dortmund heute ein bedeutendes Dienstleistungs-, Handels-, und Technologiezentrum ist, wurde nicht vergessen, was Dortmund prägte, was Dortmund ausmachte. Harte Maloche in den Stollen der Zechen und an den Öfen der Kokereien und Stahlwerke.

Die Stadt hat viel zu bieten. Historische Gebäude und moderne Architektur. Pulsierende breite Straßen und winklige Gassen. Ländliches Idyll und Großstadtflair. Wunderschöne Parkanlagen, einen tollen Zoo, den Hafen. Industriekultur, Messen, Theater und – den BVB! Wie die Freiheitsstatue in New York und der Eiffelturm in Paris gehört dieser Traditionsverein zu Dortmund. Für die Dortmunder ein Lebensgefühl in Schwarz-Gelb. Weithin sichtbar ragt das größte Stadion Deutschlands, der Signal Iduna Park, als Wahrzeichen heraus. Genauso wie der Florianturm, die Westfalenhalle und das Dortmunder U.

Darf ich Sie einladen, mit mir wandernd diese faszinierende Stadt neu zu entdecken? Zur Reinoldikirche und den prachtvollen Plätzen, in die urbane Wohnwelt des Kreuzviertels, in den Rombergpark und an den Phoenix-See, in gewachsene, in selbstbewusste Stadtteile, auf lauschigen Wegen durch Feldfluren und entlang des Kanals, zu herrlichen Ausblicken über das Ruhrtal und zu den Erinnerungsstätten des großen Erbes von Stahl und Kohle. Ach ja, und nicht vergessen: Einkehren, lecker essen und anstoßen mit einem Bier – einem Dortmunder, versteht sich!

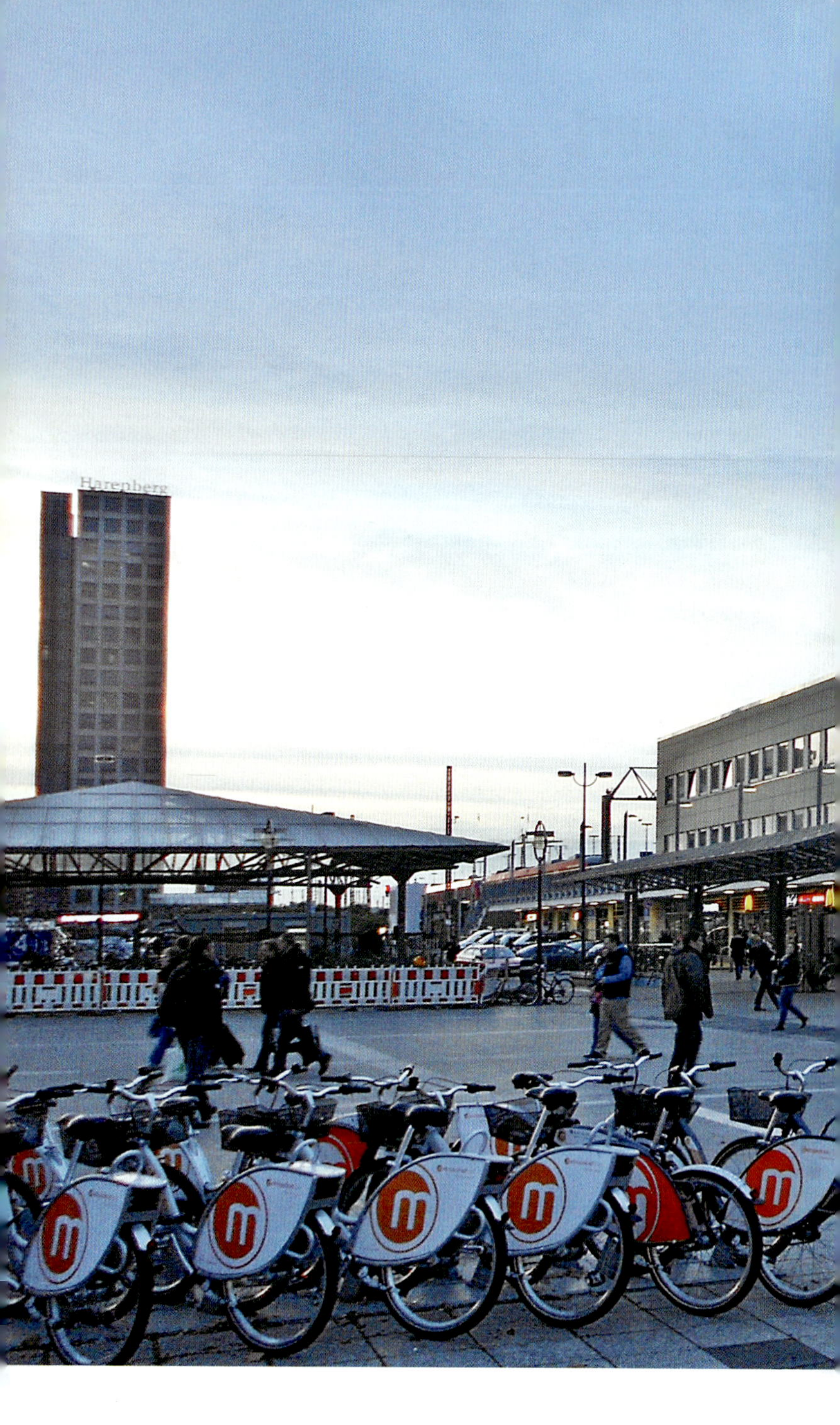
Harenberg

Innenstadttouren

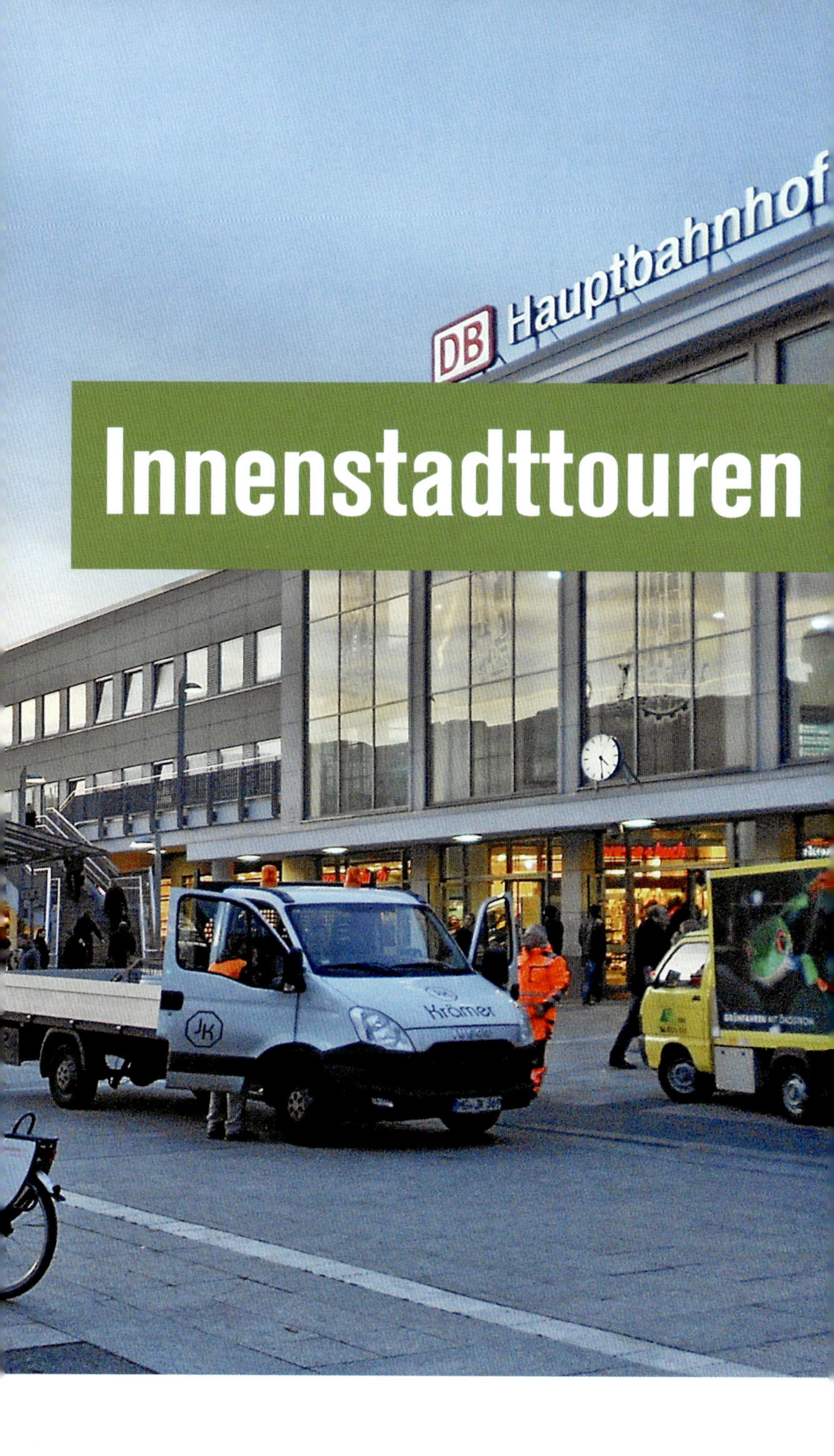

Auf dem mittelalterlichen Ringwall

Wir verschaffen uns bei einem Rundgang entlang der Wallstraßen einen Eindruck von der ungefähren Größe des alten Dortmund und stoßen dabei überall auf stadtgeschichtlich Interessantes. Zwar kann die Tour sicher nicht mit landschaftlicher Schönheit punkten, denn die Ringstraßen sind nun mal zu den Hauptverkehrsadern rund um die City geworden, doch an Sonn- oder Feiertagen ist es meist etwas ruhiger.

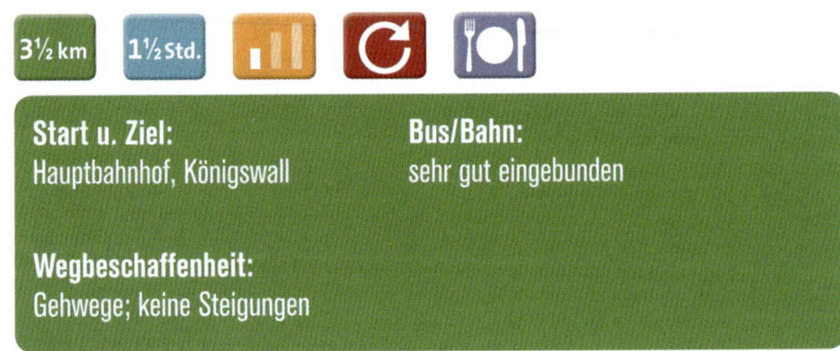

Start u. Ziel:
Hauptbahnhof, Königswall

Bus/Bahn:
sehr gut eingebunden

Wegbeschaffenheit:
Gehwege; keine Steigungen

Wegbeschreibung

Unser Weg führt vom **Bahnhof** rechts dem **Königswall** nach. Wir sind auf dem nordwestlichen Abschnitt der breiten alleeartigen Straße, der bis 1903 Westwall hieß. Doch erst einmal fällt schräg gegenüber der Blick auf die schimmernde Glasfassade des über 100 Meter hohen RWE-Towers. In moderner Glasbauweise zeigt sich auch die benachbarte Stadt- und Landesbibliothek, die 1998 eröffnet werden konnte.

i Bis 1856 noch war Dortmund nicht über die Grenzen der im Mittelalter errichteten Wallanlagen hinausgewachsen. Erst im Zuge der voranschreitenden Industrialisierung und vor allem mit dem Anschluss an die Eisenbahn 1847 setzte ein rapider Wandel in der Stadtentwicklung ein, und bald reichte der Platz innerhalb der historischen Stadtmauern nicht mehr aus.

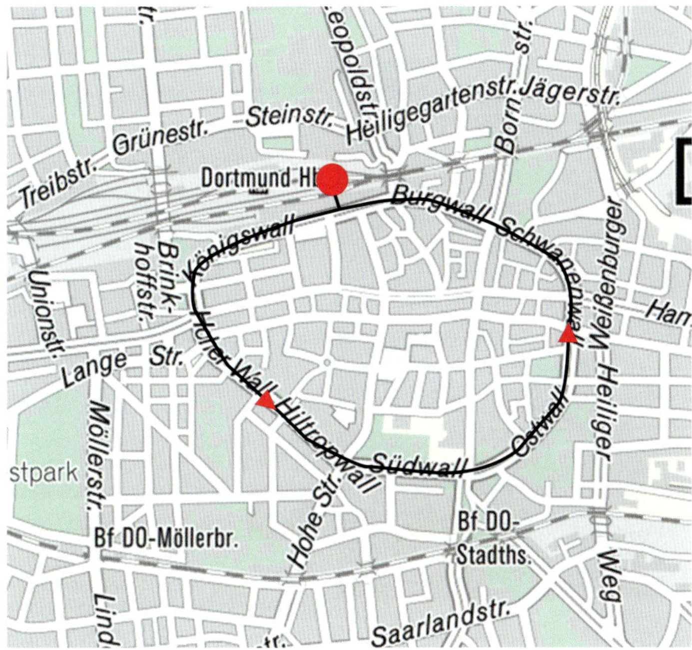

Nicht zu übersehen ist dann das Harenberg City-Center (HCC, ein beliebter Veranstaltungs- und Konferenzstandort), denn das markante Gebäude gehört mit 70 Metern Höhe zu den höchsten Dortmunds. Schnell fällt danach der Blick auf das „Dortmunder U" jenseits des Königswalls. Das frühere Kellereihochhaus der Dortmunder Union Brauerei von 1927 wurde nach längerem Leerstand für RUHR.2010 zum Zentrum für Kunst und Kreativität ausgebaut. So bezog u. a. das Museum Ostwall mit moderner Kunst des 20. und 21. Jahrhunderts die vierte und fünfte Etage. Dem **Königswall** bis zum Ende folgend, erreichen wir die Kreuzung **Westentor**.

Der Name Westentor weist schon darauf hin, dass es an der alten Befestigungsanlage einst bewachte Stadttore gab. Rechts geht hier die Rheinische Straße ab, die frühere Ausfallstraße Richtung Rheinland. Erst nach dem Zweiten Weltkrieg bekam dieser

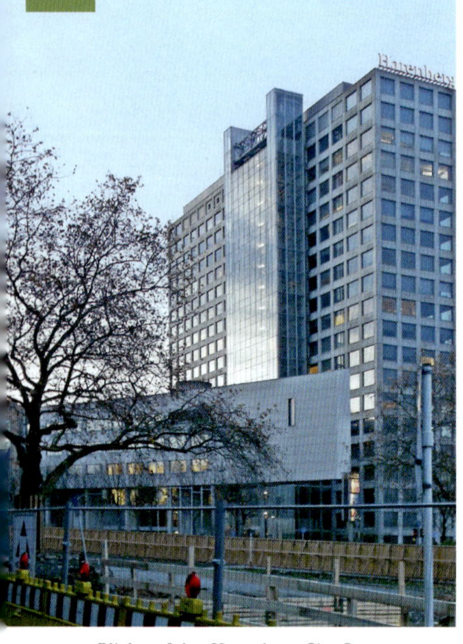

Blick auf das Harenberg City-Center

Kreuzungsbereich – zu dem auch die Einmündung Westenhellweg gehörte – seinen alten Namen wieder. Im letzten Drittel des 19. Jahrhunderts hatte man ihn in Körnerplatz umbenannt nach der in der Kreuzungsmitte gepflanzten „Körnereiche".

Nach dem Westentor heißt die Ringstraße jetzt einige hundert Meter **Hoher Wall**.

Auf den eingeebneten mittelalterlichen Befestigungsanlagen rings um die Altstadt baute man zwischen 1860 und 1890 die Wallstraßen, die bis zu ihrer Zerstörung im Zweiten Weltkrieg von prächtigen Baumreihen gesäumte repräsentative Promenaden (ausgenommen Schwanen- und Burgwall) waren. Über sie verlief auch – außer am Ostwall – ab 1898 die elektrische Ringbahn, damals eine der wichtigsten Straßenbahnlinien. Beim Wiederaufbau nach dem Zweiten Weltkrieg wurden die Straßen großflächig verbreitert, begradigt und verlegt, ganz im Sinne des zunehmenden Autoverkehrs. Inzwischen wird zur Verschönerung des Stadtbilds wieder etwas für die Aufforstung getan.

Ab dem Abzweig Johannesstraße bekommt die Ringstraße den Namen **Hiltropwall**. Hier passieren wir bald das noch innerhalb des historischen Stadtbereichs erbaute **Stadttheater**.

Für den Bau des Stadttheaters am Hiltropwall (1902 bis 1904 errichtet) musste der letzte Bauernhof Platz machen, den es noch innerhalb der Wälle gab. Das Haus eröffnete im September 1904 mit Wagners „Tannhäuser“ die erste Spielzeit. In den Jahren von 1958 bis 1966 entstand das neue Große Schauspielhaus mit dem vorgelagerten Opernhaus, das zu den größten Theatern Deutschlands gezählt wird.

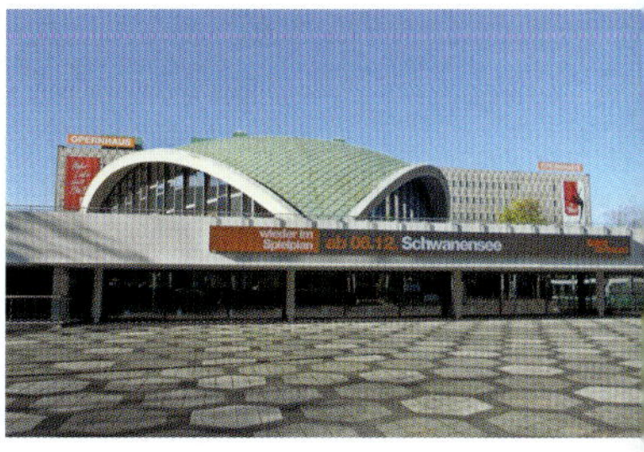

Das Stadttheater

Noch vor dem Kreuzungsbereich an der **Hansastraße** ist hinter dem Stadttheater der **Platz der alten Synagoge**, auf dem seit 1990 ein Denkmal den Ort würdigt.

i Die alte Synagoge an der Hansastraße, Ecke Hiltropwall wurde 1900 eingeweiht. In der Nazizeit begann man schon vor der „Reichskristallnacht“ mit dem Abbruch. Später fiel ein Teil des ehemaligen Synagogenplatzes dem Bau des neuen Opernhauses zu, und so wurde der Vorplatz der Oper im Respekt für die Historie des Ortes 1990 in „Platz der alten Synagoge“ umbenannt.

Rechter Hand liegen stadtauswärts am Hiltropwall zunächst die Landeszentralbank im ehemaligen Reichsbankgebäude und dann der Neubau der **Postbank** an Stelle der früheren Oberpostdirektion.

i Die einstige Oberpostdirektion erhielt seinerzeit ein geradezu herrschaftliches Verwaltungsgebäude, das 1895 eingeweiht wurde. Man hatte es als gewaltiges Bauwerk im neugotischen Stil errichtet, und so beanspruchte es mit einer Breite von mehr als 100 Metern einen großen Teil des Hiltropwalls. Schließlich fiel der historische Altbau 1981 der Abrissbirne zum Opfer, und heute findet man hier den zwischen 1989 und 1993 entstandenen Neubau der Postbank.

An der Kreuzung Hansastraße/Hohe Straße kommen wir auf den **Südwall**. Im inneren Stadtbereich schließt sich dort der **Stadtgarten** direkt an, 1982 zum 1100-jährigen Stadtjubiläum

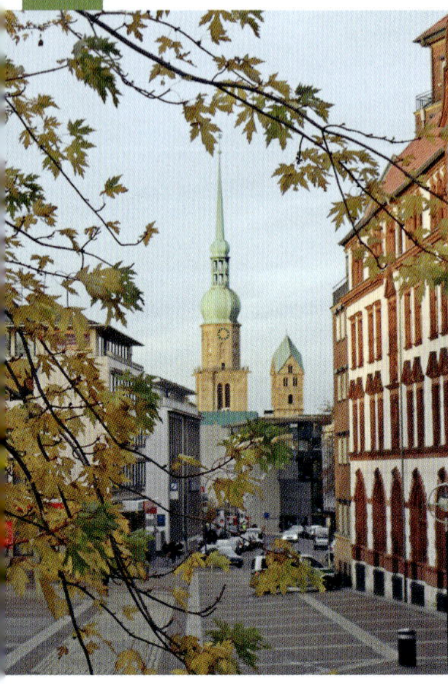

Reinoldikirche und Marienkirche (re.)

angelegt. Danach beginnt der Abschnitt Neutor. Hier zieht die Kleppingstraße geradewegs durch den inneren Stadtkern, und mit dem **Museum Adlerturm** wird es am **Ostwall** noch einmal mittelalterlich – dort sollte man unbedingt vorbeischauen.

i 1986/87 stieß man bei Ausgrabungen am Ostwall auf die Fundamente der alten Stadtmauer, die das mittelalterliche Dortmund einst uneinnehmbar gemacht hatte. Dabei konnte man die Grundmauern des Adlerturms freilegen, einem von 14 Wachturmen der damaligen Stadtumgrenzung. 1991 baute man dann den Turm noch einmal nach und richtete ein kleines Museum ein. Der runde Adlerturm steht übrigens auf dem Gelände der ehemaligen Löwenbrauerei. Zuvor, in den 1920er-Jahren, wurde es als städtischer Gemüsegroßmarkt genutzt.

Rechter Hand liegt am Beginn des Ostwalls das Fritz-Hüser-Institut für Literatur und Kultur der Ar-

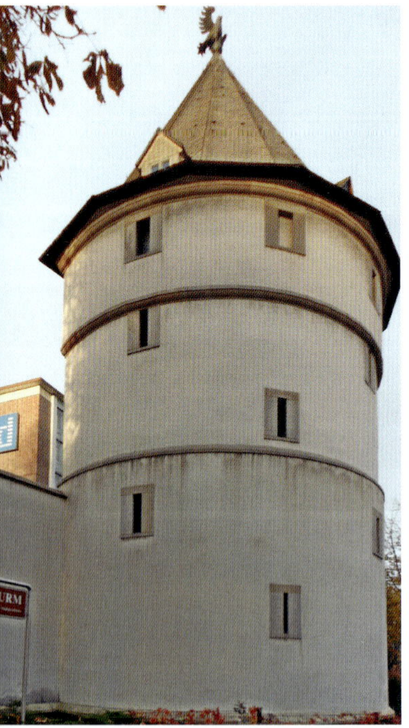

Der rekonstruierte Adlerturm

beitswelt. Fritz Hüser (1908–1979), Stahlarbeiter und später Direktor der Dortmunder Volksbüchereien, eröffnete 1958 das „Archiv für Arbeiterdichtung und soziale Literatur“, das seit 1973 der Stadt Dortmund gehört. Weiter dem **Ostwall** nach, entdecken wir in Höhe der Einmündung zur Straße Olpe in Fahrbahnmitte im von Bäumen alleeartig gesäumten Mittelgrünstreifen das **Schüchtermann-Denkmal**.

i

Es erinnert an den seinerzeit wohlhabendsten Bürger der Stadt. Heinrich Schüchtermann (1830–1895) hatte sein Vermögen auch durch die Fabrikation von Bergbaubedarf erlangt und gründete u. a. ein Stift für stellungslose Mägde und eine Armenküche. Ihm zu Ehren wurde 1899 das Denkmal in einer feierlichen Zeremonie eingeweiht. Das 1884 gegründete Josefinenstift, heute ein Seniorenheim, findet man ein Stück weiter auf der rechten Seite des Ostwalls.

Zur Linken war in einer kleinen Parkanlage bis vor kurzem der Standort des Museums Ostwall, das – wie schon erwähnt – seit dem Umbau im „Dortmunder U“ zu Hause ist. Wenig später erreichen wir am **Ostentor** den aus dem Zentrum kommenden Ostenhellweg bzw. die nach Osten verlaufende Kaiserstraße, die eine Fortführung des Hellwegs ist, aber in Erinnerung an die mittelalterlichen Kaiserbesuche umbenannt wurde. Der Ostwall mündet in den **Schwanenwall**, der uns schließlich zur Kreuzung **Bornstraße/Kuckelke** bringt, am Übergang zum **Burgwall**, und dort gab es früher einmal das Kuckelketor. Vom eigentlichen Tor steht zwar nichts mehr, jedoch wurde der Grundriss der einstigen Toranlage auf dem Gehweg durch unterschiedliche Pflasterung nachvollziehbar gemacht.

i

Am Burgwall, der damals eine schlichte, schmale Straße war, eröffnete 1902 das „Olympia-Theater“. Das Varieté sollte über Jahrzehnte hinaus weit über die Stadtgrenzen Dortmunds bekannt sein.

1

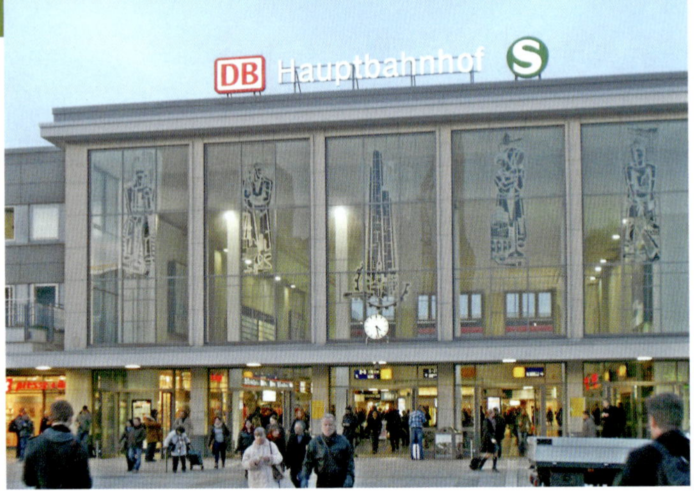

Die Glasmosaike sind Blickfang der Empfangshalle von 1952

Der **Burgwall** endet am längst abgerissenen Burgtor. Als aber der Kaiser 1899 nach Dortmund kam, um die Einweihung von Kanalhafen, Dortmund-Ems-Kanal und Schiffshebewerk zu übernehmen, durfte es noch einmal auferstehen, wenn auch nachgebildet aus Holz und Pappmaché. Vor dem Bau der Hansastraße war die Brückstraße hier die einzige Nord-Süd-Achse durch den alten Stadtkern. Vor uns beginnt jetzt Richtung Westen wieder der alleeartige Ausbau der Wallstraßen, und wir kommen auf den **Königswall**.

i

An der Ecke Burgtor am Königswall hatte man von 1911 bis 1913 das neue Hauptpostamt errichtet. Nach dem Auszug der Postverwaltung 1989 gab es Bemühungen, den denkmalgeschützten Bau zu erhalten, und mittlerweile wird das schön restaurierte Gebäude von privaten Firmen genutzt.

Am Königswall, Ecke Freistuhl stehen von der Femlinde repräsentiert die Überreste des mittelalterlichen Freistuhlgerichts aus dem 16. Jahrhundert. Anschließend sind wir zurück am **Bahnhof**. Nachdem das 1910 erbaute Gebäude im Krieg zerstört wurde, sehen wir nun die sanierte Empfangshalle von 1952.

Kleine Brunnen-Wanderung

Es ist immer interessant, eine Stadt mal unter einem neuen Aspekt zu erkunden. Deshalb schauen wir uns bei dieser Wanderung eine kleine Auswahl der Brunnen in der Innenstadt an und erfahren nebenbei vieles über Dortmunds Stadtgeschichte.

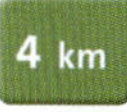

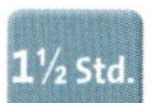

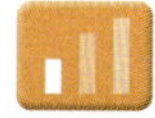
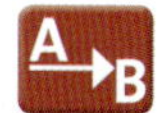

Start: Freiherr-vom-Stein-Platz
Ziel: Kaiserstraße/Ecke Goebenstraße

Wegbeschaffenheit:
befestigte Gehwege

Bus/Bahn:
ab Hauptbahnhof zu Fuß etwa 500 m; U 43 ab Haltestelle „Lippestraße"

Wegbeschreibung

Start ist am **Freiherr-vom-Stein-Platz**, der gleich mit dem **Eisengießerbrunnen** den ersten Brunnen aufzuweisen hat. Zu Ehren des Dortmunder Stahl- und Eisenhüttenwesens gestaltet, steht hier seit 1990 wieder eine Nachbildung des Originals von 1906, nachdem der Platz lange Jahre „brunnenlos" war.

i

1857/58 unter dem Namen Steinplatz angelegt, sollte er der Marktplatz für das im Zuge der Industrialisierung ebenfalls nach Norden wachsende Dortmund werden. Am Steinplatz siedelten sich u. a. erste Vergnügungsstätten wie z. B. das Central- oder das Apollo-Theater an. Von 1881 an pendelte dann zwischen Steinplatz und Fredenbaum die erste damals noch von Pferden gezogene Dortmunder Straßenbahn.

Anschließend auf der **Leopoldstraße** Richtung City. Dabei kommen wir durch die Unterführung der Bahnlinie. Als vor der Eröffnung des neuen Hauptbahnhofs von 1910 die Eisenbahn noch

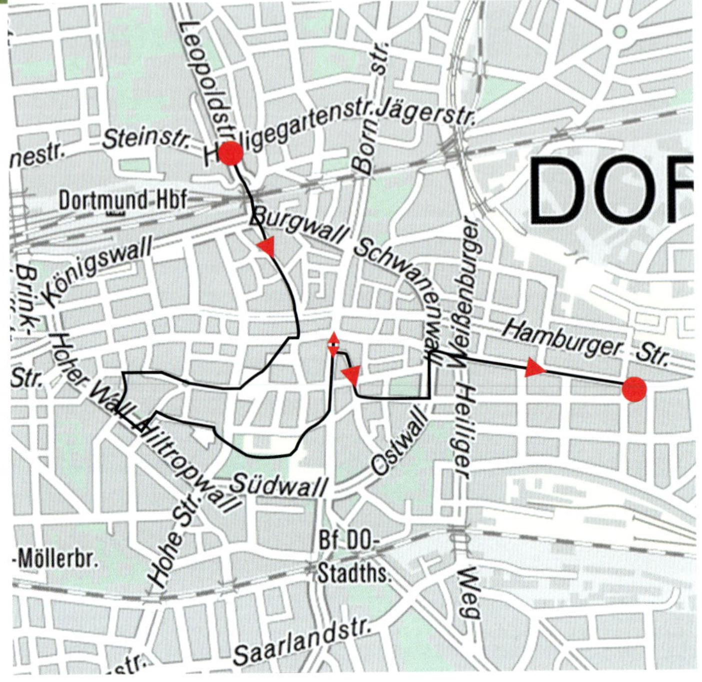

auf gleicher Ebene mit der Straße verlief, staute sich hier bei geschlossener Schranke oft der Verkehr zwischen Nordstadt und Zentrum. Im Zuge des Neubaus wurden die Gleise höhergelegt und eine Brücke gebaut. An der Kreuzung **Burgtor** überqueren wir nun den Burgwall, kommen geradeaus in die **Fußgängerzone** und folgen der **Brückstraße**. Bald geht es am modernen **Konzerthaus** vorbei und weiter zum **Platz von Leeds**. Danach sind Dortmunds mittelalterliche Hauptkirche, die nach dem Krieg wiederaufgebaute **Reinoldikirche** (urspr. 13. Jh.), und gleich darauf der **Ostenhellweg** erreicht, wo um 1170/80 auch die kleine Marienkirche, das älteste Gotteshaus Dortmunds, erbaut wurde. Hier steht zudem seit 1607 das sogenannte „Historische Haus", das die Zerstörungen des Weltkriegs überstand. Jetzt rechts weiter und wenig später links in die **Salzgasse** zum **Alten Markt** mit dem **Bläserbrunnen**. Klar, den kennt jeder, denn im Sommer verwandelt sich der Platz in eine gemütliche Gastronomiemeile, wo man sich gerne aufhält.

1901 bereits bekam der Marktplatz vor dem damaligen Rathaus seinen ersten Bläserbrunnen. Der Platz steht ganz im Zeichen der Markttradition Dortmunds, denn schon im 12. Jahrhundert trafen sich hier Kaufleute, Handwerker und Bürger, um Geschäfte zu machen, und natürlich mussten dann auch die Pferde an einem Brunnen getränkt werden. Die Figur des „fahrenden Musikanten" des Mittelalters, Werk des Berliner Professors Gerhard Janensch, gab dem Bläserbrunnen seinen Namen. 1964 wurde dieser in der heutigen Form an der Ostseite des Platzes neu angelegt, mit modernem Brunnenbecken, aber der alten Bläserfigur. Am historischen Alten Markt steht außerdem seit über 100 Jahren mit der Adler-Apotheke die älteste Apotheke der Stadt.

Wir steuern anschließend den **Hansaplatz** an, gehen von dort rechts der **Silberstraße** nach immer geradeaus durch den west-

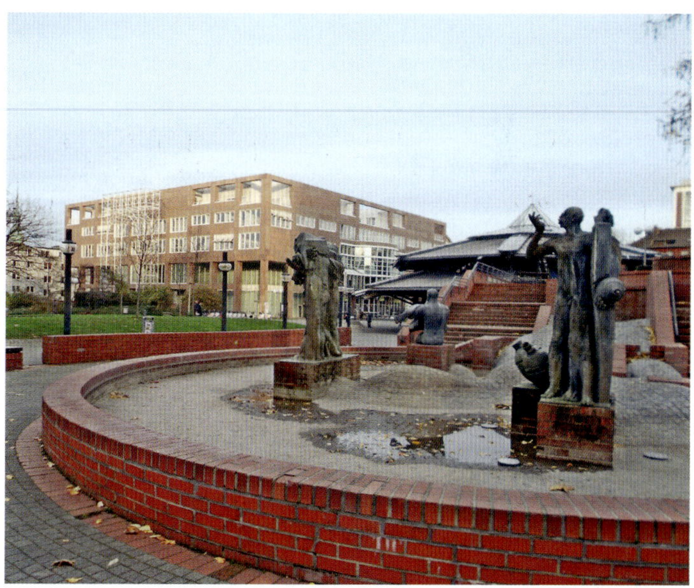

Im Stadtgarten gelegen: der Gauklerbrunnen, im Hintergrund das Rathaus

lichen Teil der City und biegen dann links in die **Martinstraße** ein bis zum **Hohen Wall**. Hier – am früheren Standort des Germaniadenkmals (sie erinnerte sowohl an den Krieg 1870/71 als auch an die Reichsgründung) und vor dem ehemaligen Postscheckamt – entdecken wir den kleinen Brunnen mit den sogenannten **Post Schecken**. Der Brunnen mit der Pferdeskulptur von Willy Meller steht auf einer kleinen, von Büschen eingerahmten Wiese und wurde 1955 im Auftrag der Bundespost gefertigt. Danach links ein kurzes Stück am **Hohen Wall** weiter, dann wieder links in die **Hövelstraße** und vor dem Gesundheitsamt rechts in die **Kuhstraße**, die uns am **Stadttheater** vorbei bringt; schon von 1904 an gab es hier ein erstes Stadttheater, dem das letzte Bauernhaus innerhalb der früheren Stadtmauern weichen musste. Am Ende die Hansastraße überqueren und von der **Prinzenstraße** rechts in den **Stadtgarten** mit dem Gauklerbrunnen einschwenken.

i

Im Stadtgarten, der aus Anlass des 1100-jährigen Bestehens Dortmunds 1982 angelegt wurde, befindet sich der von Prof. Eberhard Linke entworfene Gauklerbrunnen. Geschickt in das Hanggelände integriert, kann in der 40 Meter langen und 18 Meter breiten Brunnenanlage das Wasser die rund 4 Meter Niveauunterschied zum kraftvollen Plätschern ausnutzen. Neben den Treppen für die Spaziergänger findet es so vom höher gelegenen Quelltopf hinab ins runde Becken, das den großen Gauklerfiguren aus Bronze eine Bühne bildet. Feuerschlucker, Wasserspucker, Jongleur und Jackenzauberer sind dort in Aktion.

Durch den Stadtgarten kommen wir zum **Friedensplatz** mit dem Stadthaus (dem alten Rathaus von 1899) im Stil der Neo-Renaissance. Jetzt von der **Prinzenstraße** kurz der Straße **Olpe** nach, dann links in die große **Kleppingstraße**, die vor der Industrialisierung einmal ein unscheinbares Gässchen war. Wenig später wird sie auch schon zum einladenden Boulevard und führt zum **Europabrunnen**.

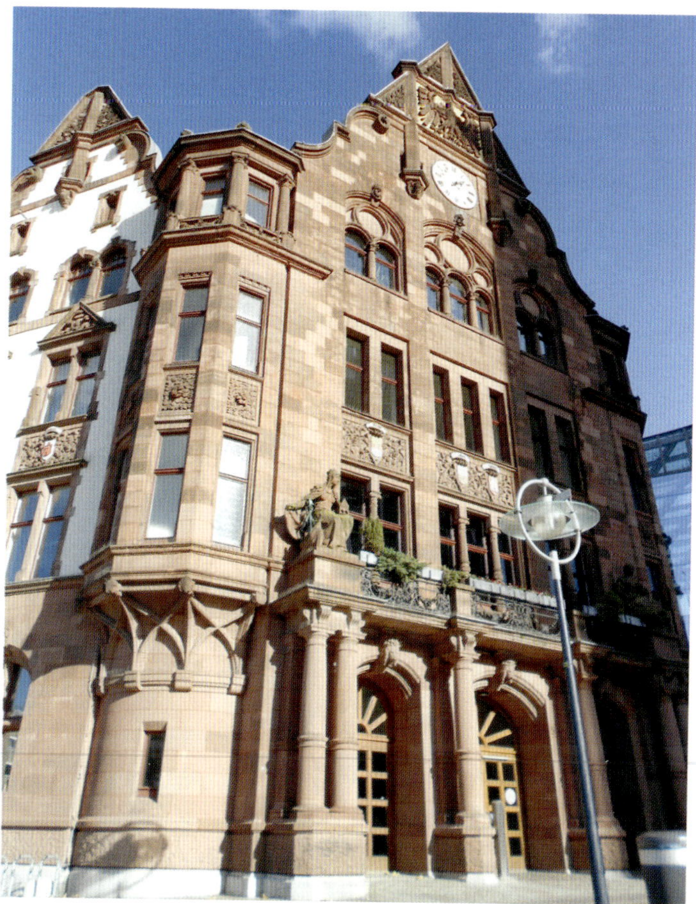

Das alte Stadthaus von 1899

Den Europabrunnen in Granit und Bronze hat Joachim Schmettau 1989 entworfen und ausgeführt. Das große Brunnenarrangement mit den kleinen Fontänen und über mehrere Ebenen plätscherndem Wasser beschäftigt sich mit dem Thema „Kulinarische Genüsse“ und wurde auch dank der umliegenden Cafés zum beliebten Treffpunkt.

Anschließend vom Europabrunnen nur ein kleines Stück auf dem Boulevard zurück, dann links abbiegen und mit der Straße

2

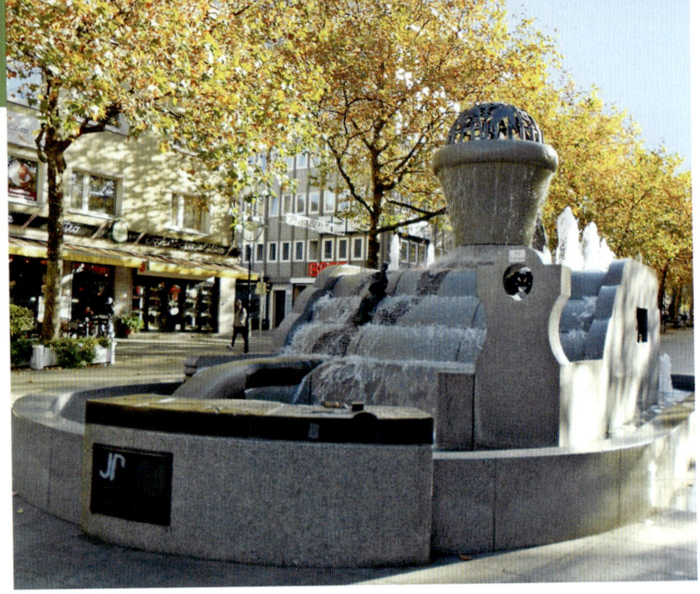

Der Europabrunnen ist ein beliebter Treffpunkt

Rosental weiter durch die östliche City, bis wir an der zweiten Kreuzung noch einmal auf die Straße **Olpe** treffen, der wir links folgen. Dabei kommen wir am kleinen Park vorbei, in dem bis vor wenigen Jahren das Museum Ostwall, das jetzt im „Dortmunder U" ist, seinen Standort hatte. Im Mittelgrünstreifen des Ostwalls erreichen wir mit dem **Schüchtermann-Denkmal** unsere nächste Brunnenstation.

i

Das Schüchtermann-Denkmal mit seitlich arrangierten Brunnen, wie der Bläserbrunnen ein Werk des Berliner Professors Janensch, erinnert seit 1899 an Heinrich Schüchtermann (1830–1895), den damals reichsten Bürger der Stadt. So gründete er u. a. 1884 das Josefinenstift für stellungslose Mägde – heute Seniorenheim, steht es ebenfalls am Ostwall. Fast war das Denkmal bereits in Vergessenheit geraten, doch unerwartet rückte es im Oktober 2007 in den Fokus, als die Büste Schüchtermanns von einer morschen, vom Wind umgelegten Kastanie vom Sockel gestürzt wurde. Zum Glück konnte die Büste schnell wieder repariert werden.

Jetzt links dem **Ostwall** nach bis zum Ostentor und dort rechts in die **Kaiserstraße**, einer Fortführung der historischen Hellweg-Handelsstraße, die wegen der mittelalterlichen Kaiserbesuche nur namentlich unterbrochen ist, denn einst zog der Kaiser durch das Ostentor nach Dortmund ein. Von einem Regenbogen empfangen, kommen wir der **Kaiserstraße** nach u. a. am Landgericht vorbei, bis wir nach knapp 700 Metern als letzte Station den **Kaiserbrunnen** erreichen.

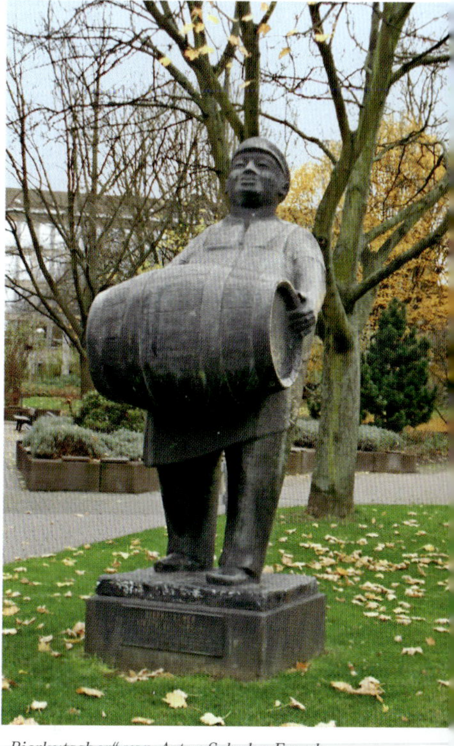

„Bierkutscher" von Artur Schulze-Engels – am Stadtgarten

Der Kaiserbrunnen am begrünten Platz Ecke Kaiserstraße/Arndtstraße ist ein Werk des Kölners W. Fassbender von 1902 für die Düsseldorfer Gewerbeausstellung für Rheinland und Westfalen. Mit finanzieller Unterstützung der Anwohner gelang es dem Dortmunder Verschönerungsverein, den Brunnen käuflich zu erwerben, und 1903 konnte er bei einem feierlichen Akt eingeweiht werden. 1990 wurde der Kaiserbrunnen samt Anlage renoviert und neu gestaltet. Im als Wohngegend beliebten Kaiserstraßenviertel haben sich besonders schöne alte Häuser erhalten, die noch heute Zeugen des gesellschaftlichen Standes ihrer damaligen Bewohner sind. Darüber hinaus bietet die Kaiserstraße Kunst unter freiem Himmel mit acht Skulpturen entlang des Straßenverlaufs.

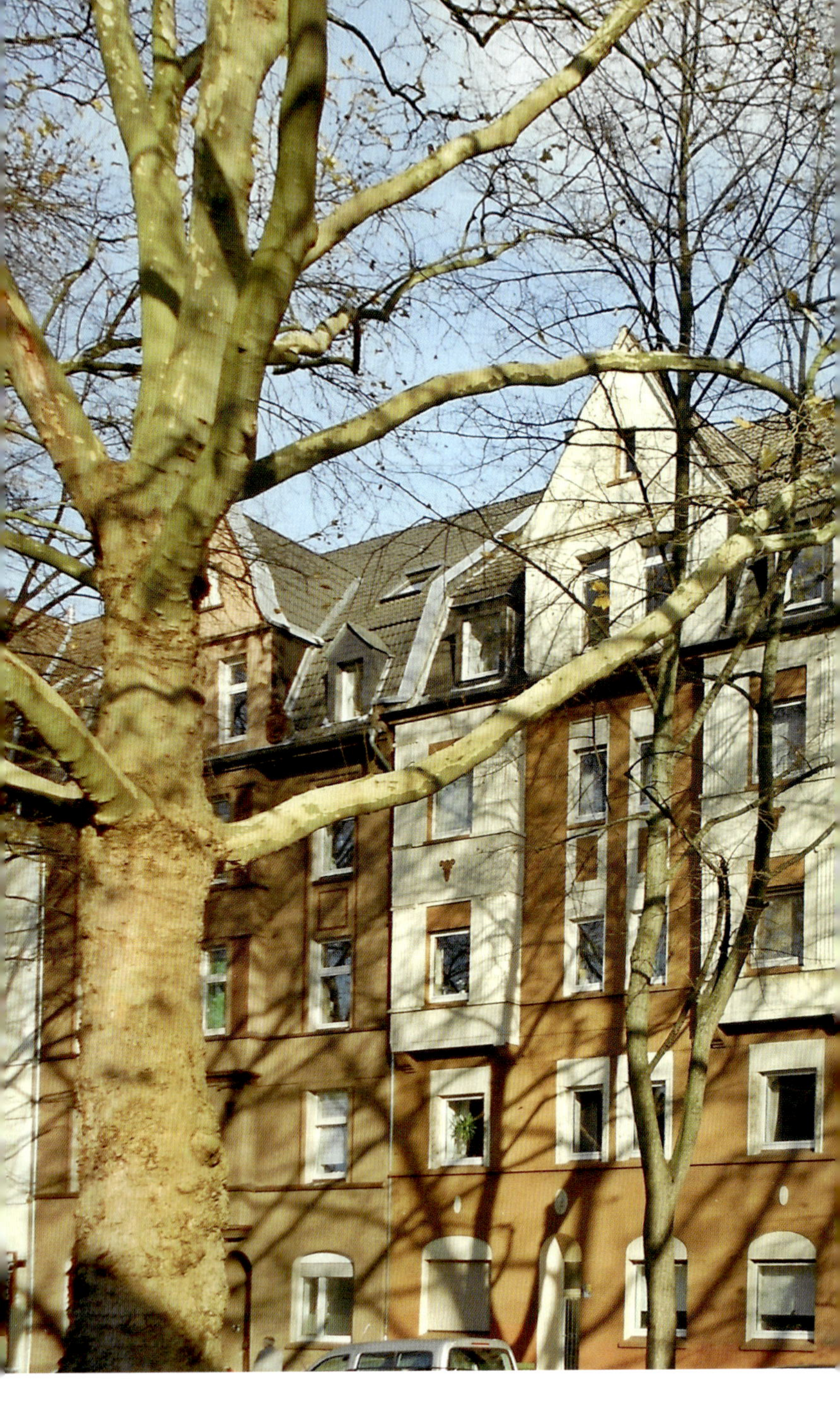

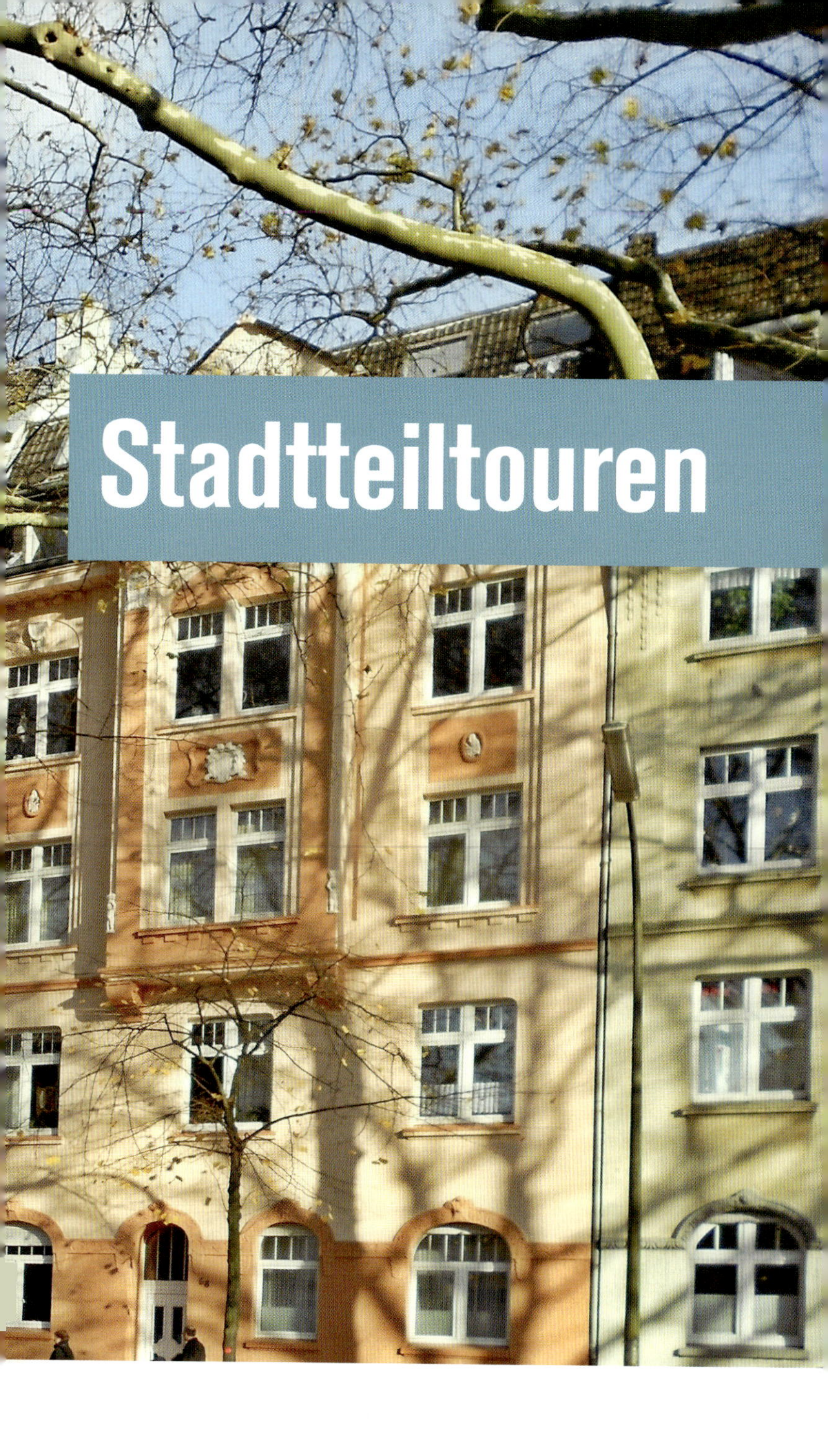
Stadtteiltouren

Tour 3

Im Stadtbezirk Hombruch

Das sportliche Herz der Stadt schlägt am früheren Westfalenstadion, und von dort führt uns der Weg durch den Stadtbezirk Hombruch. So kommen wir durch die Bolmke, können wenig später in den „Hombrucher Alpen" eine der letzten Spitzkegelhalden besteigen und folgen Kirchhörder Bach und Grotenbach nach Barop.

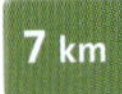

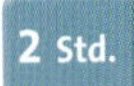

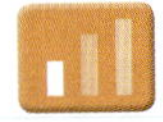
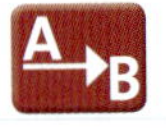

Start: Strobelallee
Ziel: Baroper Marktplatz

Bus/Bahn:
U-Bahn 45 od. 46 bis Haltestelle „Stadion";
S 5 ab Bahnhof Barop

Wegbeschaffenheit:
befestigte Wege und kleine Straßen; beim Aufstieg auf die Halde evtl. unwegsame Pfade; für Kinder geeignet

Wegbeschreibung

Wir starten im sportlichen Zentrum der Stadt, denn rund um das im Mittelpunkt liegende ehemalige **Westfalenstadion** sind die unterschiedlichsten Sportstätten entstanden, und wen es aus sportlichen Gründen noch nie hierher zog, der wird sich wundern, wie schön begrünt sich das gesamte Areal präsentiert. Die Landesreiterstaffel Westfalen der Polizei mit 20 Pferden und 25 Beamten fand Anfang 2006 auf dem Gelände des Dortmunder Reitvereins e. V. zwischen Westfalenhalle und Fußballstadion ihre neue Heimat.

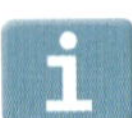

Das Westfalenstadion wurde in den Jahren 1971 bis 1974 für die Fußballweltmeisterschaft in unmittelbarer Nachbarschaft des Stadions „Rote Erde" errichtet. Vier WM-Vorrundenspiele fanden damals im Westfalenstadion statt, und seit der Saison

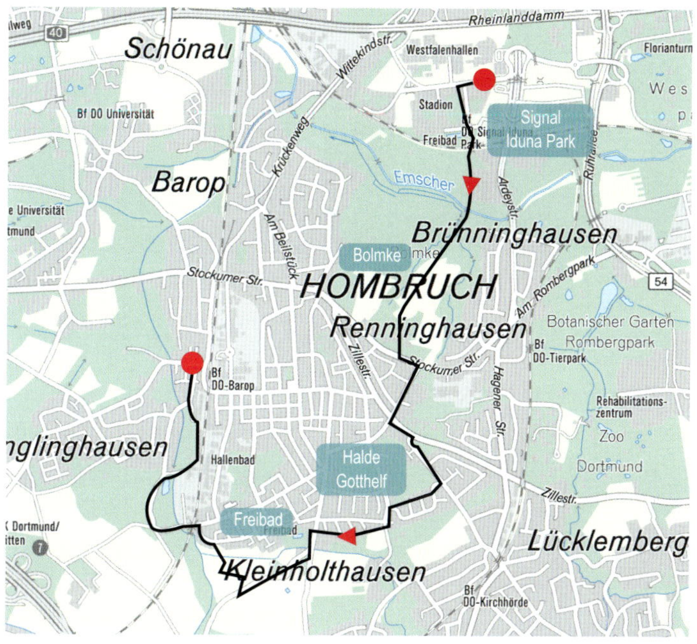

1974/75 ist es Heimat des BVB, der hier viele tolle Erfolge feiern konnte. Bei der WM 2006 war die Fußballwelt erneut Gast in Dortmund; dazu wurde das Stadion auf über 80.000 Plätze ausgebaut und bekam mit „Signal Iduna Park" auch einen neuen Namen. Längst ist es mit seinen leuchtend gelben Eckträgern ein Wahrzeichen Dortmunds geworden.

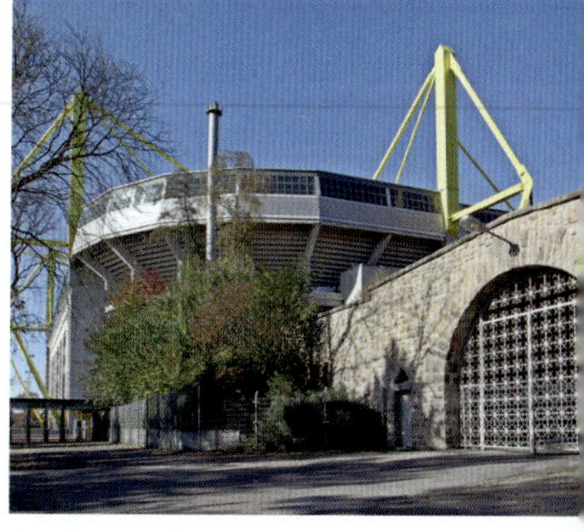

Am Signal Iduna Park

Wir biegen von der **Strobelallee** (aus Richtung U-Bahnhof kommend) links in den **Turmweg** ein. Ein Klassiker liegt direkt am Weg, und wenn man nur den Namen hört, kann das schon Gänsehaut bereiten, denn es geht vorbei am altehrwürdigen

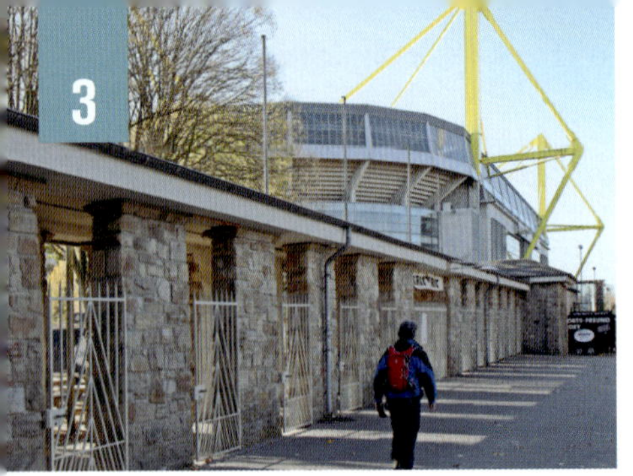

Am Stadion „Rote Erde", dahinter der Signal Iduna Park

Stadion „Rote Erde". Jahrzehntelang war es das Heimatspielfeld von Borussia Dortmund. 1909 hatte sich der Verein gegründet, und erst war die „Weiße Wiese" an der Brackeler Straße das Zuhause des Klubs, doch schon von 1926 an zog man in das Stadion „Rote Erde" ein, wenn es galt, ein Heimspiel zu bestreiten. Das Stadion war ein wichtiger Schritt in Richtung „Sporthochburg Dortmund"; nach dem Krieg rasch wieder aufgebaut, fanden dort 35.000 Menschen Platz. Als dann der Fußball 1974 das neue Westfalenstadion bekam, wurde die Anlage 1975 in eine Leichtathletikarena umgebaut. Gleich dahinter die große Fußballarena, der Signal Iduna Park.

Am Ende des Turmwegs vor dem Schwimmstadion, das kurz nach dem Stadion „Rote Erde" eingeweiht wurde und heute von Mai bis September geöffnet ist, links und gleich wieder rechts (**Bolmker Weg**), kommen wir an der S-Bahn-Haltestelle „Signal Iduna Park" vorbei, kreuzen die Bahnlinie und wandern an Kleingärten entlang ins grüne Emschertal. Geradeaus weiter, wird hier nun die **Emscher** überquert. Der Fluss darf bereits wieder in einem renaturierten Bett fließen, wie es im Projekt „Zurück zur blauen Emscher" in Zukunft überall vorgesehen ist. Für uns geht es erst einmal hinein in den Wald in der **Bolmke**. Rund 56 Hektar misst das ge-

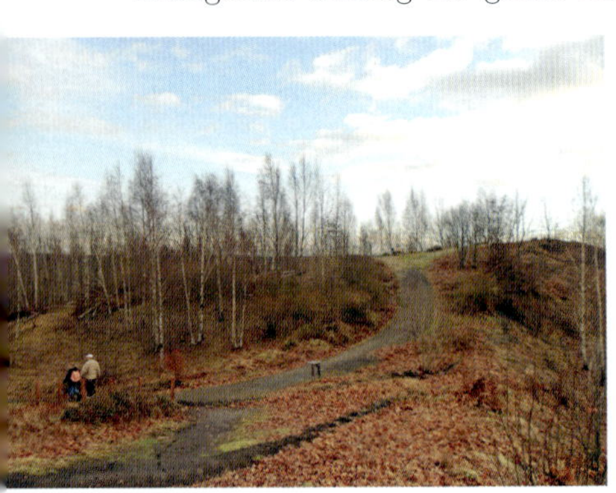

Auf der Halde Gotthelf

samte Naturschutzgebiet, und durch seine Nähe zur Innenstadt ist es natürlich ein vielbesuchter Naherholungsraum, der mit schönen Wegen zu einem ausgedehnten Spaziergang einlädt. Wir folgen unserem gerade verlaufenden Weg aus dem Tal der Emscher und bald wieder aus dem Wald heraus, bis wir am Ende Richtung Hombruch wandernd bei Renninghausen auf die **Stockumer Straße** treffen. Einmal kurz links, geht es anschließend rechts hinein (**Am Hombruchsfeld**) und vorbei an der Kirche in den Stadtteil Hombruch. An der Kreuzung mit der **Zillestraße** biegen wir links ein, kommen am Schulzentrum entlang und gleich wieder rechts in die **Gotthelfstraße**. Wer sich das zutraut, nimmt jetzt auf geschotterten Wegen die Besteigung der recht steilen, bewaldeten **Halde Gotthelf** mit ins Programm und kehrt danach zur Gotthelfstraße zurück.

i Sie gilt als eine der letzten Spitzkegelhalden ihrer Zeit, die man noch finden kann: Die ortsbildprägende Halde Gotthelf der einstigen „Hombrucher Alpen“. Schon mit der Stilllegung der Zeche Glückauf Tiefbau 1925 wurde sie nicht mehr benötigt, gehört nun zu den ältesten ihrer Art und ist seit 2001 öffentlich zugänglich. An der Gotthelfstraße hatte das Bergwerk Glückauf Tiefbau die Schächte Gotthelf und Traugott, förderte dort von 1841 an Kohle als Nachfolgerin der etwa um 1616 angelegten Romberg'schen Stollenzeche Glückauf. An der Kieferstraße in Hombruch wurde ab 1865 der Schacht Giesbert geteuft, und dort betrieb Glückauf Tiefbau auch eine Kokerei.

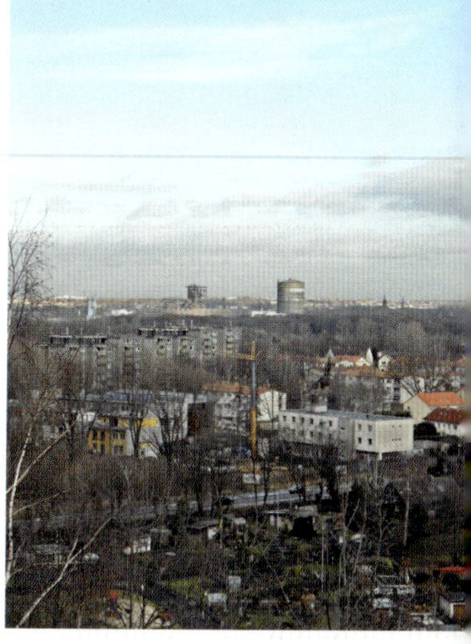

Blick von der Halde Gotthelf zum Hoesch-Gasometer auf dem früheren Stahlwerksgelände Phoenix West

Wer die Halde besteigt, kann (im Herbst/Winter ohne Blätter an den Bäumen geht es besser) besonders von der Spitzkuppe aus den Blick Richtung Phoenix West zum Gasometer mit dem Hoesch-Schriftzug und zum Florianturm genießen. Danach von der **Gotthelfstraße** rechts abzweigen, zwischen Haldenberg und Bebauung der „Vogelsiedlung“ auf kleinem Weg zur **Lütgenholthauser Straße**, der wir links bis zum Ende der Häuser folgen. Nun rechts, wandern wir am Südrand von Hombruch an einem weiteren Abschnitt der „Vogelsiedlung“ entlang, nicht weit entfernt vom Kirchhörder Bach, der linker Hand durch sein unbebautes Tal zwischen Hombruch und Kirchhörde-Kleinholthausen fließen darf. So kommen wir gegenüber dem **Freibad** zur **Löttringhauser Straße**.

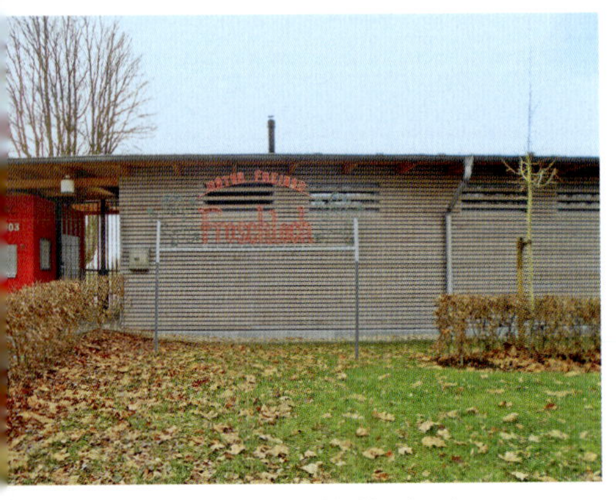

Freibad „Froschloch“ in Hombruch

Der Stadtbezirk Hombruch ist mit knapp 3500 Hektar flächenmäßig der größte von Dortmund, und er ist auch der einwohnerstärkste. Mittelpunkt ist der gleichnamige Stadtteil. Um den Markt herum hat man hier eine attraktive Fußgängerzone eingerichtet.

Links in die **Löttringhauser Straße**, dann rechts in die **Großholthauser Straße**, die hier durch die Felder Richtung Weiler Großholthausen zieht. Wir aber kommen erst einmal an der Kläranlage vorbei und biegen schon wenig später (ca. 300 m) rechts ab, zurück Richtung Hombruch. Dabei begegnen wir nun auch dem Kirchhörder Bach, der kurz darauf in den größeren Grotenbach mündet, und erreichen wenig später die **Alte Teichstraße**.

Hier links und am Ende erneut links, kreuzen wir mit der **Grotenbachstraße** gleich zu Beginn die S-Bahn-Strecke und nachfolgend den Bach gleichen Namens. An einem Haus vorbei, biegen wir danach rechts ab (**Am Spörkel**), folgen der Straße entlang dem kleinen Teich, dann vor Menglinghausen rechts in den **Harkortshof**, der uns im Bogen um das kleine Wäldchen und zurück zur Straße **Am Spörkel** bringt. Noch ein Stückchen der Straße nach, sind kurz darauf das Zentrum und der Bahnhof von Barop erreicht.

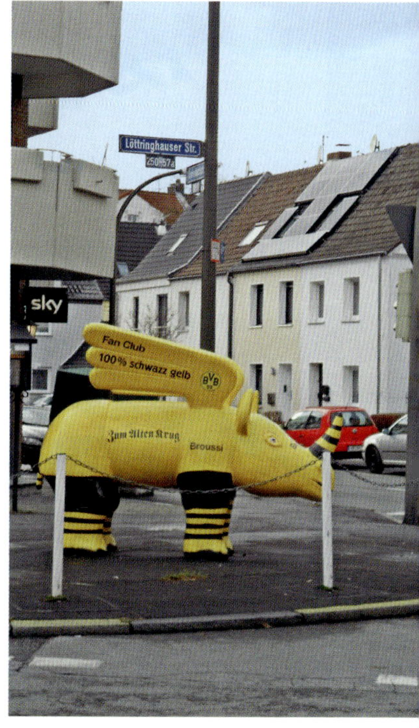

An der Löttringhauser Straße: ein Dortmunder BVB-Nashorn

Westlich der Baroper Bahnhofstraße (für uns linker Hand) gab es einmal eine der frühesten Kokereien, denn natürlich kann auch Barop auf eine Bergbauvergangenheit zurückblicken. Luisenglück und Luisenschachtstraße erinnern jenseits der Bahnlinie (rechter Hand) an die alte Zeche Luise Tiefbau, die bis 1908 förderte. Inzwischen allerdings kann sich Barop über eine weit überdurchschnittlich junge Einwohnerschaft freuen, denn wie auch im Nachbarstadtteil Eichlinghofen zogen wegen der nahen Technischen Universität Dortmund (2007 erst änderte die Universität Dortmund ihren Namen) sehr viele Studenten hierher und leben nun u. a. in mehreren Studentenwohnheimen.

Durch grüne Oasen ins Kreuzviertel

In der Innenstadt West führt uns eine überraschend grüne Runde ins beliebte Kreuzviertel – ob durch den historischen Westpark, den viel jüngeren Tremoniapark, der seinen Namen der alten Zeche verdankt oder über den Südfriedhof. Und auch am Vinckeplatz kann man noch einmal im Grünen die besondere Atmosphäre des Viertels in sich aufnehmen.

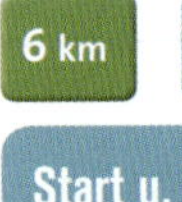

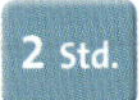

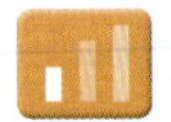
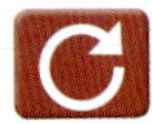

Start u. Ziel:
Möllerstraße, Ecke Beurhausstraße

Bus/Bahn:
U 42 bis Haltestelle „Möllerbrücke"

Wegbeschaffenheit:
Gehwege u. befestigte Parkwege; ohne nennenswerte Höhenunterschiede; für Kinder geeignet

Wegbeschreibung

Vom S-Bahnhof bzw. von der U-Bahn-Haltestelle „Möllerbrücke" kommend, biegen wir gleich nach 100 Metern von der **Möllerstraße** links ab in den **Westpark**. Kurz zuvor findet man linker Hand an der Sonnenstraße 171 noch die bei vielen Studenten berühmt-berüchtigte ZVS (Zentralstelle für die Vergabe von Studienplätzen). Wir legen nun eine gemütliche Runde durch den Park ein, der heute wie ein kleiner Wald erscheint und besonders beliebt bei Joggern und Hundebesitzern ist und verlassen ihn auf der gegenüberliegenden Westseite wieder.

Der Westpark ist eigentlich der älteste erhaltene Friedhof der Stadt. 1811 wurde er als Westentotenhof angelegt, jedoch inzwischen nicht mehr als Friedhof genutzt. Rasenflächen und schö-

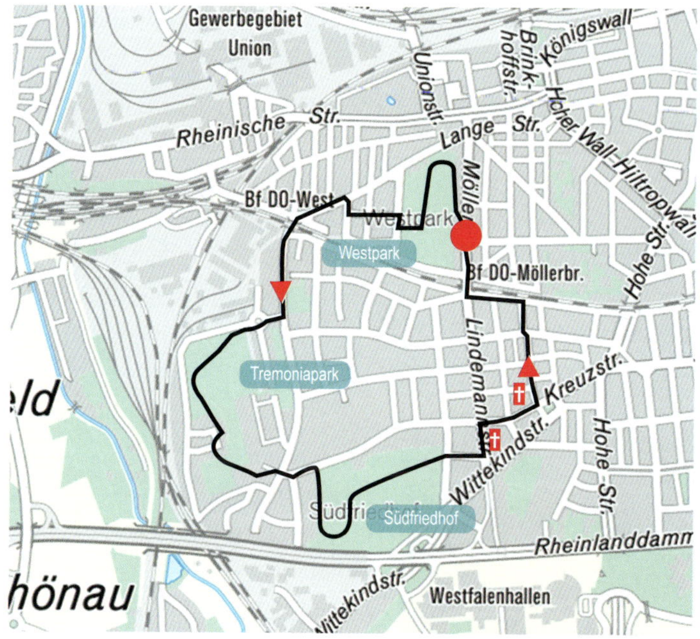

ner alter Baumbestand, Spielplätze und ein Bouleplatz laden heute zum Verweilen ein. Dass wir uns auf einem früheren Friedhof aufhalten, daran erinnern aber auch noch einige historische Gräber.

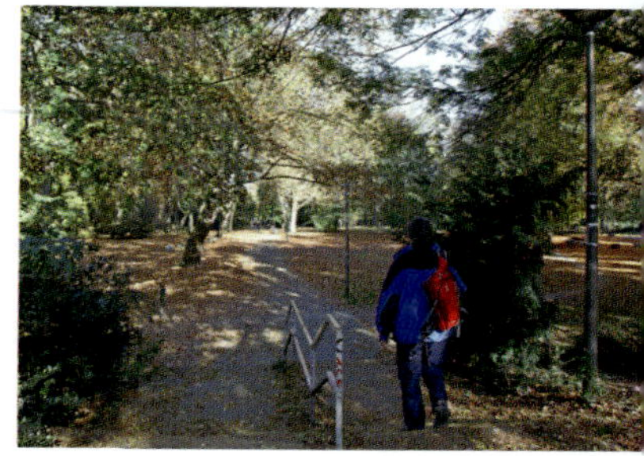
Im Westpark

Anschließend rechts in die **Rittershausstraße**, dann in die **Barmer Straße** und von dort rechts der **Albrechtstraße** nach zur **Langen Straße**. Sie bringt uns links wenig später durch die Unterführung der S-Bahn, hinter der es halb links in die **Kuithanstraße** geht. Danach an der Kreuzung rechts in die **Haldenstraße**, der sich nach dem Kreisverkehr mit der Tremoniastraße rechter Hand das Gewerbegebiet Tremonia anschließt, während es hier links hinein in den

Tremoniapark geht. Tremonia, der lateinische Name für Dortmund, erinnert an die Zeche Tremonia.

i An der Tremoniastraße gab es bereits Mitte des 18. Jahrhunderts die Stollenzeche Teichmühlenbaum. Ihr folgte Tremonia nach, auf der 1856 mit dem Teufen eines ersten Schachtes begonnen wurde. Nach der Schließung des Bergwerks 1931 wurde es von 1944 noch bis 1996 als Versuchsgrube des Bergbaus betrieben, mit modernem Fördergerüst am Hauptschacht und markantem Wetterschacht. An der Tremoniastraße gibt es außerdem eine kleine Bergarbeitersiedlung.

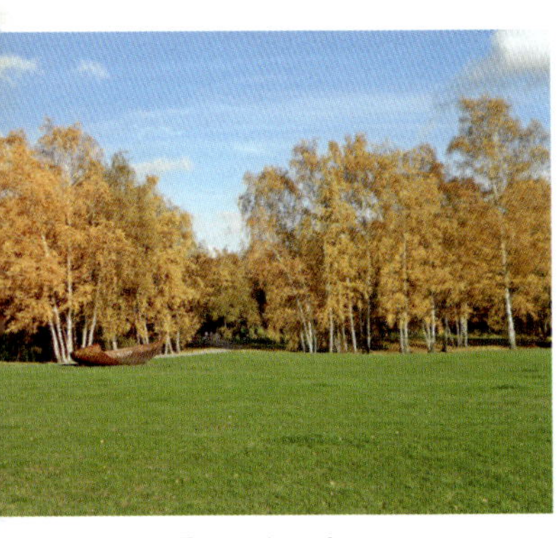

Im Tremoniapark

Im großen Bogen wandern wir durch den etwa 10 Hektar großen **Tremoniapark**, der von 1993 bis 1996 auf dem Gelände der stillgelegten Eisenhütte angelegt wurde. Zuvor hatte dies lange brachgelegen, und zwischen vor sich hinrostenden Relikten der Werksbahngleise siedelten sich Buschwerk und Birken an, die zum Teil in die Parkanlage integriert werden konnten. Auf den Wiesen kann man Kunstinstallationen in Form von halbschaligen Klöpperböden entdecken, die einmal Bestandteile von Druckgefäßen waren. So kommen wir durch den auch Tremoniawiese genannten Park an seinem südlichen Ende an den Sportplätzen vorbei und spazieren danach im Bogen nach links aus dem Park heraus zur **Kuithanstraße**.

i Seit dem Jahr 2000 sind rund um den Park zahlreiche Eigentumswohnungen und Reihenhäuser sowie ein Einkaufszentrum gebaut worden. Und es entstand das Wohnprojekt „WohnreWIR am Tremoniapark“ mit 21 Wohnungen, einem Gemeinschaftshaus und einer Gästewohnung. Hier geht es darum, ein altersübergreifendes Gemeinschaftswohnprojekt aufzubauen, und das war bislang so erfolgreich, dass es u. a. für das Konzept und die ökologische Bauweise bereits ausgezeichnet wurde.

Die **Kuithanstraße** überqueren und etwa geradeaus in die **Kreuzstraße**, von der wir kurz darauf den idyllischen **Südfriedhof** betreten. Er wurde bereits 1893 angelegt und ist trotz der Nähe zur Bundesstraße ein Ort der Ruhe und Besinnung mit lauschigen Spazierwegen. Besonders schön: die große Platanenallee entlang des Hauptweges, welcher sich der Trauerhalle anschließt. Dorthin kommen wir am Ende unseres kleinen Rundgangs und zum Ausgang **Große Heimstraße**. Gegenüber in die **Stübbenstraße**, nun geradewegs zur **Nicolai-Kirche** mit dem unübersehbaren Acht-Meter-Kreuz in neonblau auf dem Turm.

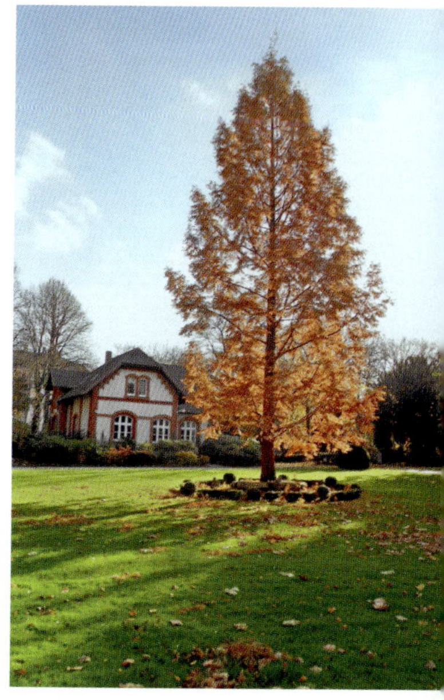
Auf dem Südfriedhof

i Die denkmalgeschützte St. Nicolai-Kirche - sie war die erste Stahlbetonkirche Deutschlands - zählt zu den auffälligsten Gebäuden im Kreuzviertel. 1929 wurde sie nach Plänen eines Dortmunder Architekten im Stil der Neuen Sachlichkeit erbaut und 1930 eingeweiht; Absicht war, erstmals schon bei der Planung mögliche

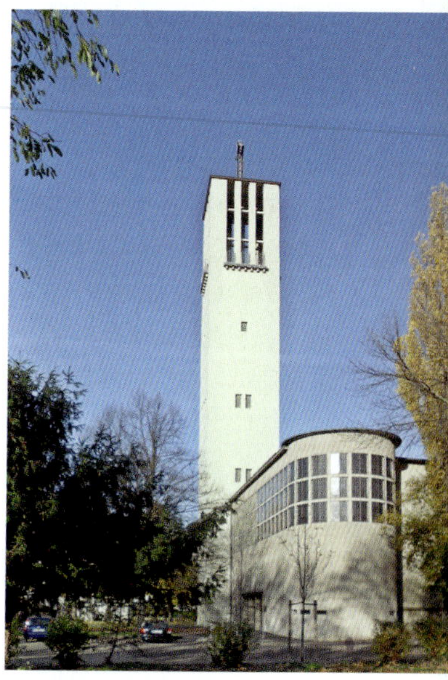
Die Nicolai-Kirche im Kreuzviertel

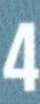

spätere Bergschäden am Gebäude zu verhindern. Baustil und -material verließen dabei gewohnte Traditionen, und so stieß sie nicht bei allen auf Begeisterung. In der Ästhetik und Ausstrahlung gewonnen hat die Nicolai-Kirche für viele Besucher aber durch die 1963 eingelassenen farbig gestalteten Fenster.

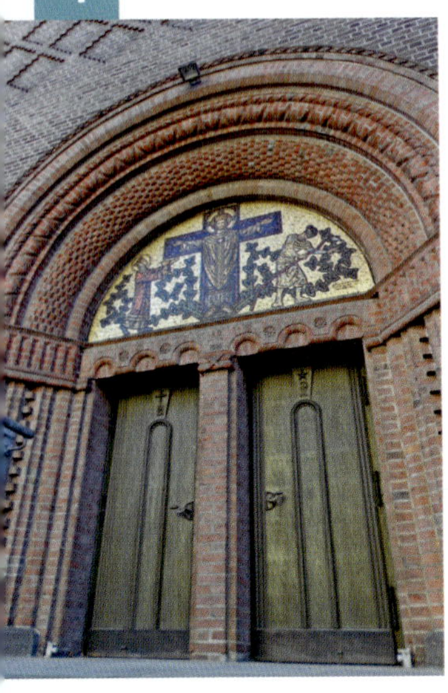

Portal der Heilig-Kreuz-Kirche

Vor der Nicolai-Kirche links der **Lindemannstraße** nach, biegen wir gleich rechts noch einmal in die **Kreuzstraße** ein, an der wir wenig später die **Heilig-Kreuz-Kirche** passieren, die dem Viertel seinen Namen gab und ebenfalls auf den Plänen eines Dortmunder Architekten beruht; 1916 konnte die dreischiffige Basilika eingeweiht werden. Die ansonsten schlicht gehaltene katholische Kirche an der Ecke Liebigstraße schmücken an Turm und Schiff hübsche Reliefmuster, gebildet durch sich abhebende Ziegelsteine. Im Mittelpunkt des Viertels liegt hier der parkähnlich angelegte **Vinckeplatz** mit Kinderspielplatz, der dazu auffordert, sich ein Weilchen niederzulassen. Der Namenspate Ludwig Freiherr von Vincke (1774–1844) war seinerzeit erster Oberpräsident der Provinz Westfalen.

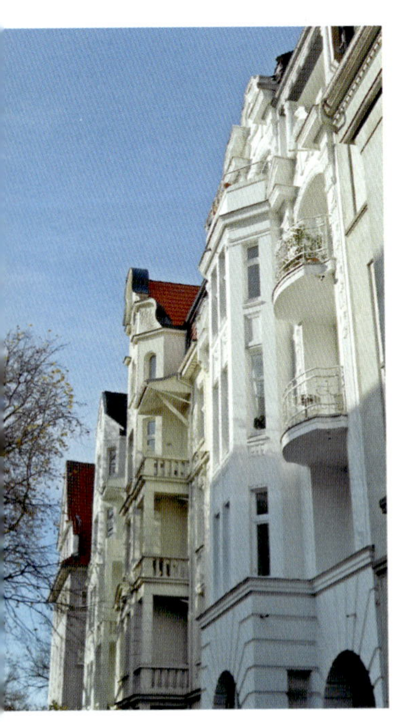

Gut erhaltene Jugendstilfassaden im Kreuzviertel

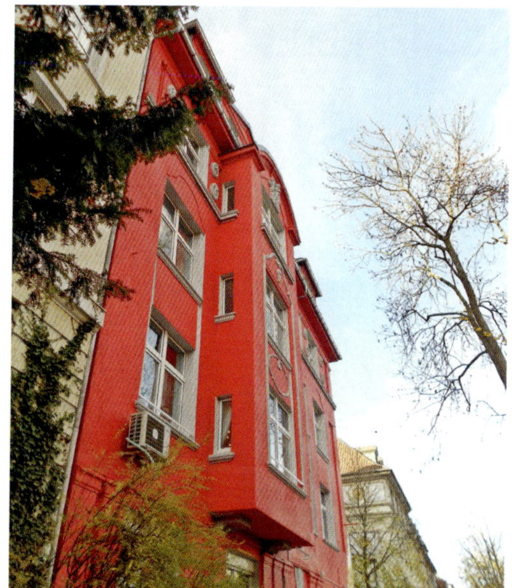

In der Kreuzstraße

Das Kreuzviertel als Innenstadt-Wohnviertel bedeutet für viele seiner Bewohner noch ein echtes Stück Lebensqualität. Hier hat sich so etwas wie dörfliche Verbundenheit erhalten, zu der alte Straßenbäume, reizvolle Altbaufassaden, Kneipen, Restaurants und vertraute kleine Läden viel beitragen. Genau genommen erstreckt sich das Viertel zwischen Hoher Straße, Sonnenstraße, Rheinlanddamm und Lindemannstraße, doch auch jenseits der Lindemannstraße fühlt man sich noch zugehörig. In den 1970er-Jahren zog es Studenten und junge Akademiker hierher, aber mit zunehmender Beliebtheit gingen auch die Mieten in die Höhe, und so sind nun eher Beamte oder Angestellte im Kreuzviertel zu Hause. Was viele bestimmt noch nicht gewusst haben: An der Lindemannstraße 15 gibt es seit 1933 die älteste Eisdiele Dortmunds.

Zum Schluss über die **Liebigstraße** immer geradeaus zur **Sonnenstraße**, hier links zum S- und U-Bahnhof „Möllerbrücke“ und dort rechts zurück zum Ausgangspunkt.

Tour 5

Von Mengede nach Lindenhorst

Eine Wanderung im nordwestlichen Teil der Stadt, die an Vielfalt kaum zu überbieten ist. Bezaubernde Atmosphäre in Alt-Mengede, der nahe Volksgarten und der Freizeitpark Fredenbaum beim Hafen, dazu Abschnitte im Wald, am Fluss und am Kanal – das alles ergänzt durch beeindruckende Relikte des Ruhrbergbaus.

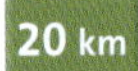

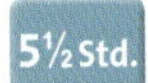

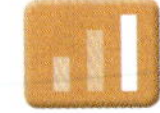
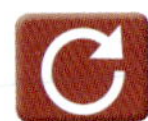

Start u. Ziel:
Bahnhof Mengede,
Am Amtshaus

Bus/Bahn:
S 2 bis Bahnhof Dortmund-Mengede

Wegbeschaffenheit:
meist befestigte Ufer- und Parkwege; auch Straßenabschnitte

Wegbeschreibung

Am **Bahnhof Mengede** können wir uns sogleich längere Zeit dem Wanderzeichen XE anschließen. Am schön renovierten Amtshaus vorbei geht es erst einmal durch den Ortskern. Dabei kommen wir auch schon zum **Markt**, der den Mittelpunkt des Stadtteillebens bildet und mit hübschen Backsteinhäusern viel Atmosphäre verbreitet. Über die Straße **Eckei** gelangen wir schnell in die Emscherauen (im Emschertal bei Mengede liegt mit 60 m ü. NN die tiefste Stelle Dortmunds) und überqueren kurz darauf den Fluss. Dahinter beginnt sofort der **Volksgarten**, den wir vorbei am Café-Restaurant „Volksgarten Mengede" betreten.

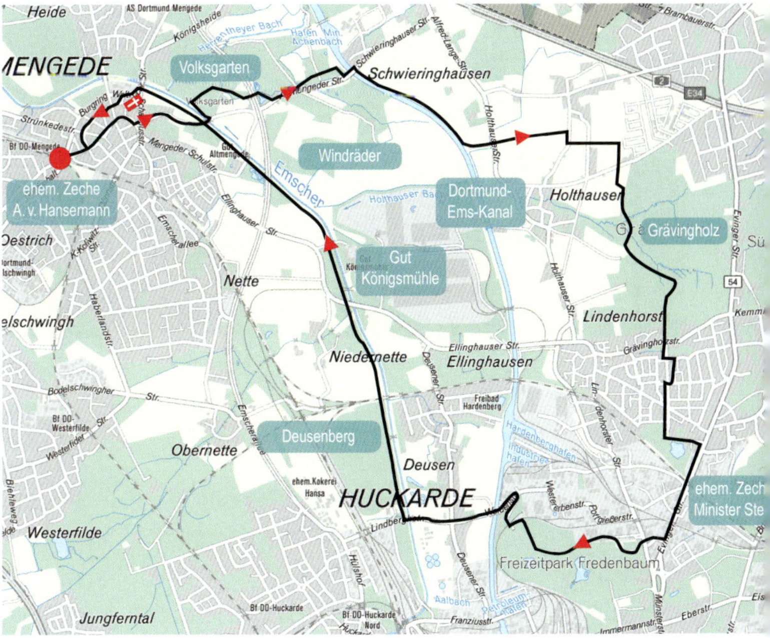

i Der Volksgarten an der Emscherallee wurde den Vorstellungen der damaligen Zeit entsprechend und wegen der günstigen örtlichen Voraussetzungen als Waldpark angelegt. Besonders macht ihn dabei auch die Nähe zur Emscher. Zusätzlich ergänzte man dann in den 1920er-Jahren das Erholungsgebiet um Sportanlagen für den Breitensport. So kann man heute auf bis zu 16 Hektar stadtnah die Natur genießen.

XE führt uns danach hinter der Emscherallee (L 609) durch die Felder zum **Dortmund-Ems-Kanal**. Im anliegenden Naturschutzgebiet Siesack werden eine

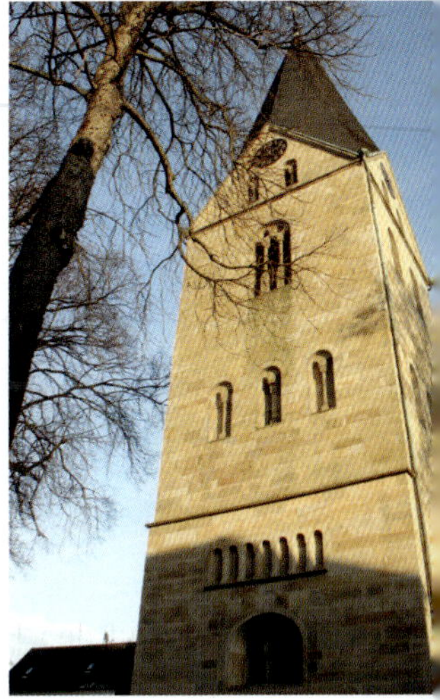

Die Remigiuskirche in Mengede

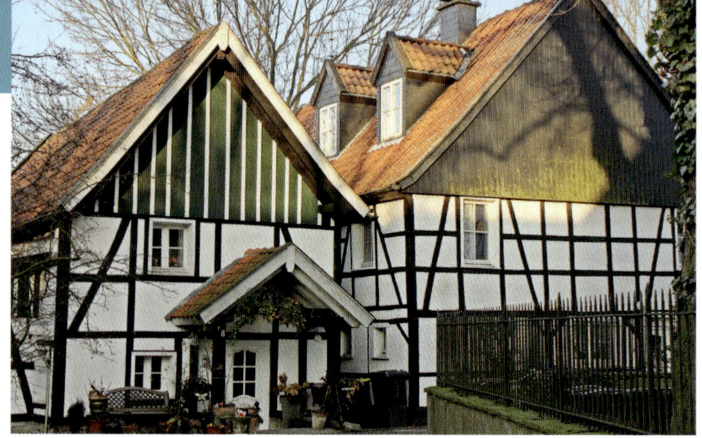

Schöne, alte Fachwerkhäuser bilden den Kirchhof in Mengede

Herde Heckrinder, jene urwüchsigen Kraftpakete, ganzjährig in den Wiesen zur Landschaftspflege eingesetzt. Nun zur anderen Kanalseite und hinunter zum **Uferweg**, dem wir jetzt ein ganzes Stück folgen. Gegenüber stehen dann erhöht die großen **Windräder** Ellwira I, II und III, die schon 2005 den Betrieb aufnahmen. Unsere Markierung verlässt bald den Kanal und zweigt nach links ab Richtung Brechten. Wir folgen XE geradewegs durch die Feldflur und steuern so leicht ansteigend das **Grävingholz** an, das am Rand des Neubaugebiets Brechtener Heide erreicht wird. Das Grävingholz ist Teil des Dortmunder Stadtwalds mit altem Laubbaumbestand und breiten, ebenen Wegen. Hier leitet XE uns an seiner westlichen Ausdehnung hindurch, bis wir nach **Lindenhorst** und zum **Nollendorfplatz** kommen.

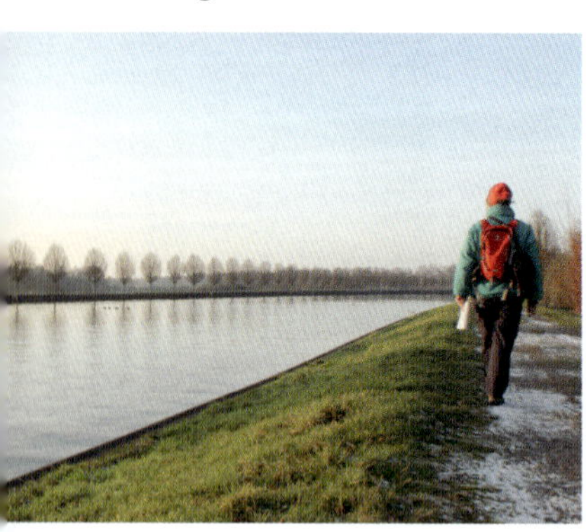

Am Dortmund-Ems-Kanal

i

Die Zechen Minister Stein und Fürst Hardenberg ließen 1898 hier die sogenannte „Alte Kolonie Eving“ erbauen, die durch ihre unterschiedlichen Fassaden und Haustypen angenehm auffällt.

Das Wohlfahrtsgebäude, wie ein kleines Schloss gebaut, bildete dabei am Nollendorfplatz das Zentrum. Früher einmal waren darin u. a. ein Bad und eine Jungmädchenschule eingerichtet.

Am **Franz-Stock-Platz** passieren wir die evangelische Kirche. Weiter geradeaus, dann links in den **Winterkampweg**, der vorbei an den ehemaligen Schlammteichen der alten Zeche zur **Evinger Straße** (B 54) zieht. Hier trennen wir uns vom Wanderzeichen XE und unternehmen jenseits der Evinger Straße einen Abstecher in den **Gewerbepark Minister Stein** zum beeindruckenden Hammerkopfförderturm.

Mit der Schließung der Zeche Minister Stein am 31. März 1987 ging Dortmunds 700-jährige Bergbaugeschichte zu Ende. Bis zu 6.800 Menschen hatten in der zeitweilig größten Ruhrzeche (1940er-Jahre) gearbeitet. 1875 wurde dort mit der Förderung begonnen, und 112 Jahre später war Schluss. Erhalten geblieben ist neben dem Verwaltungs- und Kauengebäude u. a. der Hammerkopfförderturm von 1926, an dem heute die moderne „Bürobank“ anstelle der abgerissenen Hängebank steht. In den 1990er-Jahren begann die Stadt, das Areal zur „Neuen Evinger Mitte“ als Wissenschafts-, Service- und Gewerbepark umzubauen. 2003 erst wurde der Gasometer gesprengt.

Zurück an der **Evinger Straße**, könnte man die Tour bereits nach rund 10 Kilometern beenden und die Rückfahrt z. B. mit der U 49 antreten. Ansonsten folgen wir der Evinger Straße vom Gewerbepark kommend links ein ganzes Stück, bis wir rechts in die **Jakobstraße** abbiegen, die uns kurz darauf zum **Freizeitpark Fredenbaum** bringt.

Der Park mit dem schönen alten Westerholz und zwei lauschigen Teichanlagen entstand bereits zu Beginn des 20. Jahrhunderts und ist damit Dortmunds ältester Freizeitpark. Hier findet man z. B. auch das größte Indianerzelt der Welt – zuvor war das „Big-Tipi“ Teil der Weltausstellung in Hannover im Jahr 2000.

5

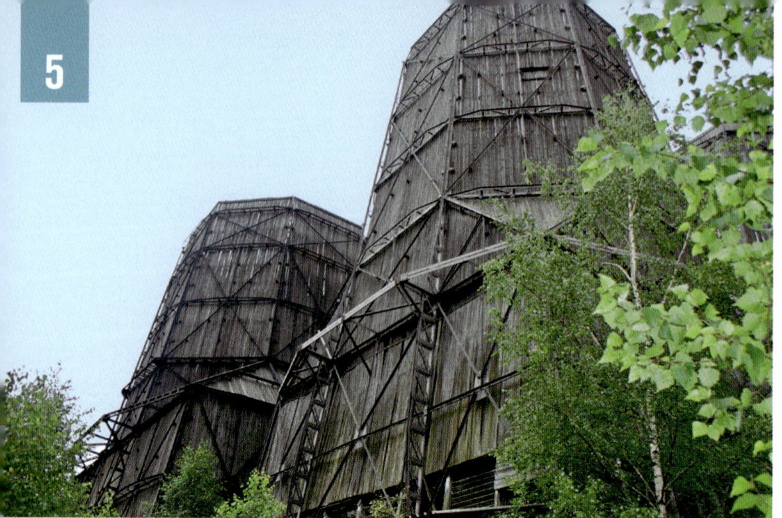

Interessanter Abstecher: Ehemalige Kokerei Hansa bei Deusen

Anschließend wurde es als Kletterparadies und Veranstaltungszelt neuer Mittelpunkt der „Erlebniswelt Fredenbaum".

Auf dem Hauptweg (Westerholz) spazieren wir am Rand des Waldes entlang (dabei rechter Hand die Sportanlagen) und kommen geradeaus weiter zum Ausgang **Weidenstraße**, wo der Dortmund-Ems-Kanal nicht mehr weit ist. Jetzt dem Radweg DEK nach hinüber zur **Weidenstraße** und den Kanal – noch im Hafeneinzugsbereich – überqueren. Geradeaus weiter und dann der **Lindberghstraße** nach, haben wir links die markanten eiförmigen Faultürme der Kläranlage Deusen im Blick, die nachts blau angestrahlt eine völlig neue Wirkung erzielen. Es war die erste Kläranlage, die im Rahmen des Emscher-Umbaus „hin zum sauberen Fluss" errichtet wurde. Nachdem die Emscher überquert wurde, schließen wir uns rechts dem „Emscherweg EW" an, der dem Fluss folgt und uns erst einmal entlang des rund 50 Meter hohen **Deusenbergs** bringt.

i Der Aussichtsberg mit tollem Blick auf die Dortmunder Skyline zwischen Deusen und Huckarde ist eine nahezu komplett rekultivierte ehemalige Deponie für Hausmüll, Bauschutt und Bodenaushub. Noch wurde von der um 50 Hektar großen Fläche nicht alles freigegeben, doch in naher Zukunft soll es soweit sein. Die bereits eingerichtete Mountainbike-Arena dagegen ist seit einigen Jahren bereits fest etabliert.

Wir unterqueren die Bahnbrücke und folgen dem Verlauf der Emscher (rund 5 km) beschaulich zurück nach Mengede. Linker Hand der Weiler Niedernette, nach dem eine Straßenbrücke unterquert wird, während jenseits des Kanals leicht erhöht das riesige Güterverteilzentrum Ellinghausen (mit dem größten Distributionslager von IKEA) zu finden ist mit den Windrädern dahinter, die wir schon kennen. Eine kleine Brücke leitet bald rechts zum denkmalgeschützten Gut Königsmühle, das einst seine Mühlen an der Emscher stehen hatte und dessen Wurzeln bis ins Mittelalter zurückreichen. 2006 übernahm das Gut der Verein Pädagogisches Soziales Zentrum Dortmund, der dort einen (Demeter-) Hofladen und ein Hofcafé betreibt. Haben wir dann die große **Emscherallee** gekreuzt, liegt an der nächsten kreuzenden Straße (Eckei) ein Stückchen links das Gut Altmengede. Es war ursprünglich einmal der Stammsitz der Ritter von Mengede, die im 13. Jahrhundert das Haus Mengede zum neuen Stammsitz machten. Dann kreuzen wir erneut eine Straße (auch Eckei, hier waren wir beim Hinweg), und bleiben noch etwas auf dem „Emscherweg“, bis es vom Fluss hinauf zur **Waltroper Straße** geht – quasi gegenüber, zwischen Straße und Emscher, breitet sich die Parkanlage mit den verbliebenen Grundmauern von Haus Mengede aus, wo eine Tafel über die Historie informiert. Wir spazieren aber links der Waltroper Straße nach Richtung Ort, der schon bald zu einem Schlenker zur evangelischen Kirche einlädt.

i

Im Emscherraum gehört Mengede zu den frühesten besiedelten Regionen – bis in die keltische Zeit von 500 bis 200 v. Chr. konnten erste Siedlungen um den Ort archäologisch dokumentiert werden. Mengede selbst wird im Jahr 890 erstmals in den Heberegistern der Abtei Werden urkundlich erwähnt. Und die

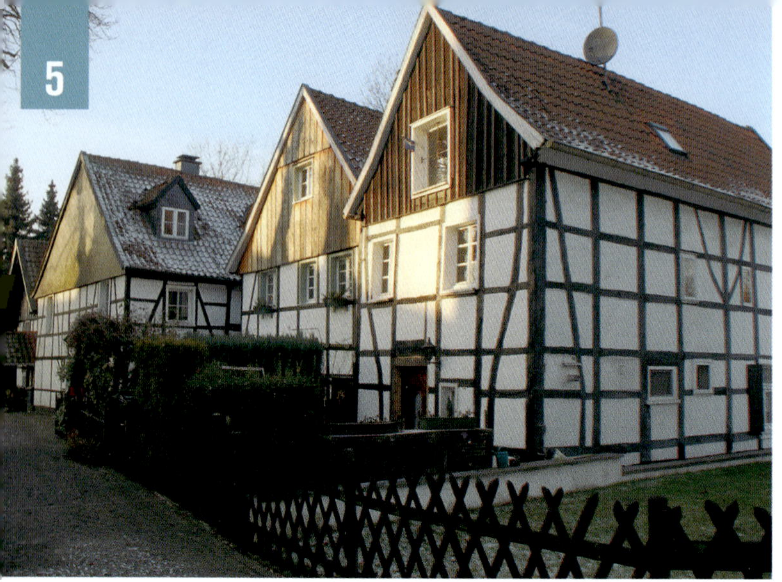

Sehenswerte Fachwerkhäuser blieben an der Remigiuskirche erhalten

evangelische Remigiuskirche, eine romanische Hallenkirche aus dem 13. Jahrhundert, darf zu den ältesten Kirchen Westfalens gezählt werden. Drumherum anheimelnde Häuser in Fachwerkbauweise, von denen die ältesten noch aus dem 18. Jahrhundert stammen (Wiedenhof 5, 6, 7 und 8).

Von der **Waltroper Straße** gleich links in die **Williburgstraße** (linker Hand am Wiedenhof steht die Remigiuskirche), rechts in die **Freiheitstraße** und auf der **Remigiusstraße** weiter durch den kleinen Ortskern bis zur Straße **Am Amtshaus**. Hier rechts zurück zum Bahnhof. Sehr interessant kann zuvor noch der Abstecher zur ehemaligen **Zeche Adolf von Hansemann** sein, die an der Barbarastraße nur ein paar Schritte entfernt liegt und von 1899 bis 1967 förderte. Auf der Straße Königshalt über die Bahnlinie und man ist praktisch bereits da. Im Torhaus hat der Bergmanns-Unterstützungs-Verein Mengede ein kleines Museum eingerichtet. Einst ragte auch hinter dieser Zeche eine riesige Bergehalde auf („Mengeder Alpen"); wunderschön anzusehen ist das restaurierte ehemalige Verwaltungs- und Kauengebäude in sogenannter Backsteingotik.

Rund um den Hauptfriedhof

Interessant und vielseitig ist die Runde im Stadtbezirk Brackel. Stadtgeschichte zu Zeiten der Zechen in Neuasseln und Spannendes aus der Zeit der Reformation im alten Kern von Brackel werden ergänzt durch den historischen Hauptfriedhof und die bekannte Pferderennbahn Wambel. Ganz modern wird es dann in Stadtkrone Ost am Europaplatz bei Schüren.

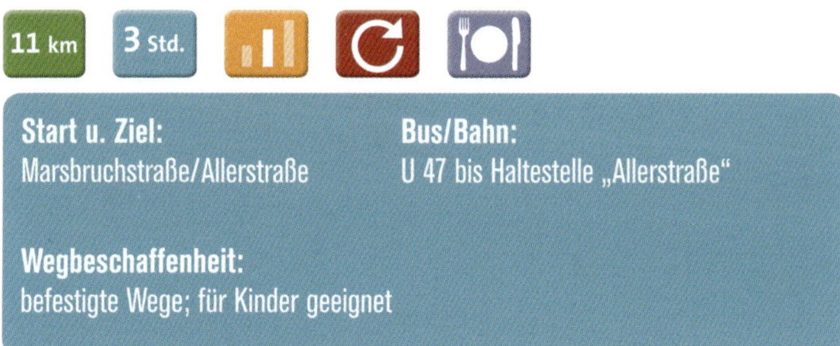

Wegbeschreibung

Im Norden von **Aplerbeck** der **Allerstraße** nach, kommen wir vorbei am Gelände der Westfälischen Klinik für Psychiatrie. Leider wurde Aplerbeck früher oft nur mit den psychiatrischen Einrichtungen verbunden, und das gerade auch außerhalb Dortmunds. Am bekanntesten ist wohl die Klinik an der Marsbruchstraße, die wir an der Südseite passieren. Haben wir die Leni-Rommel-Straße überquert, müssen wir die B 1 unterqueren, an der sich links und rechts Kleingärten ausbreiten. Danach links in die **Mathias-Wrede-Straße**. Hier immer geradeaus dem Straßenverlauf nach durch die sogenannte **Funkturmsiedlung** im Ortsteil Neuasseln.

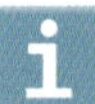

Neuasseln mit heute rund 3.500 Einwohnern entstand erst während der Industrialisierung. Zwar wurde die Zeche Schles-

wig bereits 1925 geschlossen, doch verblieben ist die einstige Bergbeamtensiedlung. Die Funkturmsiedlung dagegen verweist mit ihrem Namen auf die von 1926 bis 1946 genutzte Antennenanlage einer Funkstelle zur Flugsicherung des damaligen Flughafens im Norden von Brackel. Richtung Osten (rechts) erhebt sich jenseits der Holzwickeder Straße mit der ehemaligen Halde Schleswig ein 148 m hoher Berg, der inzwischen zum Freizeitareal umgebaut wurde. Von Januar 1923 bis Oktober 1924 verlief auf der Holzwickeder Straße übrigens die Grenze zur französisch besetzten Zone, das heißt, wie bei einer normalen Staatsgrenze wurden die Ausweise kontrolliert und Waren über die Grenze geschmuggelt.

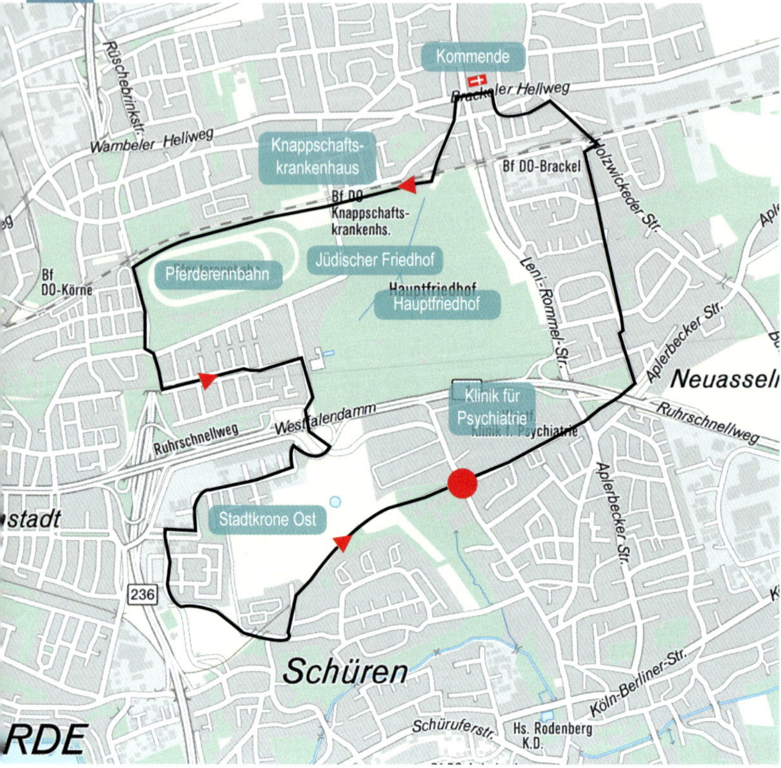

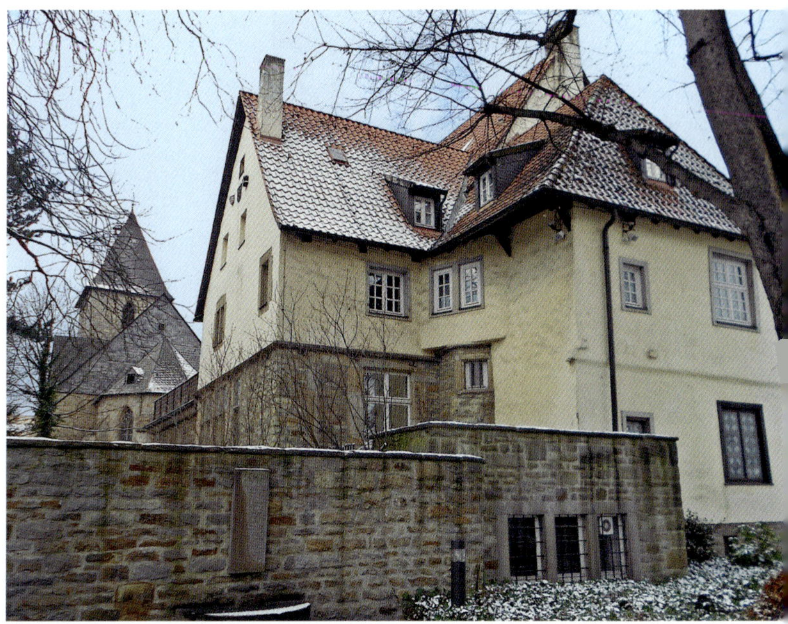

An der Kommende am Brackeler Hellweg

An der Kirche vorbei geradeaus bzw. halb rechts in den **Breddeweg**, von dort geradeaus der Straße **Lappenkreutz** nach, am Ende rechts (**Westfälische Straße**) und gleich danach mit der **Holzwickeder Straße** links durch die Unterführung der S-Bahn. Noch einmal links (**Am Ostheck**) und bald rechts weiter zum **Brackeler Hellweg** ins Zentrum von **Brackel**, das wir direkt gegenüber der alten Dorfkirche und dem Areal der ehemaligen Kommende erreichen.

Urkundlich wurde Brackel schon im 10. Jahrhundert erwähnt und gehört somit wohl zu den ältesten Niederlassungen im heutigen Dortmund; 1918 wurde es eingemeindet. Nicht lange suchen muss man im einstigen Hellwegdorf die mehr als 800 Jahre alte evangelische Kirche. Sie ist Ursprung der 1554 ins Leben gerufenen Reformationsbewegung in Dortmund. Pfarrer Arent Rupe hatte dort u. a. Lieder von Martin Luther anstimmen las-

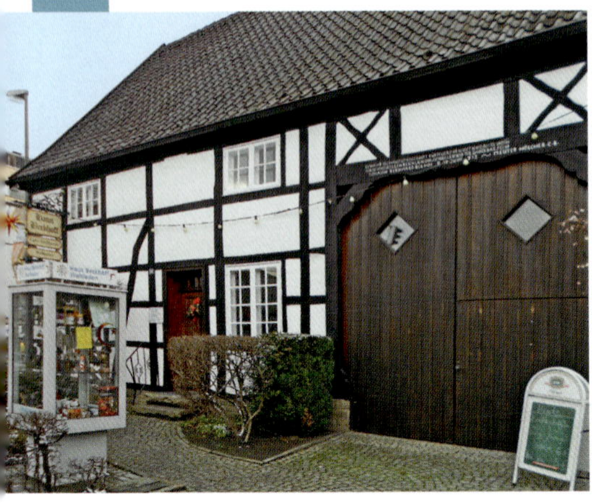

Haus Beckhoff

sen. Sein Name stand auch Pate für das Gemeindehaus (es wurde 2008 neu erbaut). Die Gemeinde hat zudem im Haus Beckhoff, einem 250 Jahre alten Fachwerkhaus, ein Café und einen Weltladen eröffnet. Vor der Reformation gehörte die Kirche zur katholischen Deutschorden-Kommende, einem Ritterorden. Dieser war Ende des 13. Jahrhunderts gegründet worden und im Besitz der meisten Ländereien im Umkreis von Brackel. Als die katholischen Ordensleute schließlich ihre Kirche aufgeben mussten, umgaben sie als Ausdruck ihrer Ablehnung den Sitz der Kommende mit einer drei Meter hohen Mauer. Heute findet man in den 1809 säkularisierten Gebäuden das Sozialinstitut des Erzbistums Paderborn. Und dank der dicken alten Mauern lässt sich die Ruhe des kleinen Parks so richtig genießen.

Dem **Brackeler Hellweg** nur ein Stückchen links entlang zur Kreuzung mit der Flughafenstraße – sie führte früher zum alten Dortmunder Flughafen. Auf dem Flufhafen-Gelände war lange die Britische Rheinarmee stationiert, und ein Golfplatz entstand, den es noch immer gibt. Inzwischen kann man dort auch das moderne Trainingsgelände des BVB finden, und in Planung ist das neue Stadtquartier Hohenbuschei. An der Kreuzung gleich wieder links in die **Hörder Straße** und von dieser wenig später in den **Talweg**. Hinter dem Bahndamm erreichen wir dann den großen **Hauptfriedhof**, und wir wenden uns nach rechts, um weiter dem Talweg zu folgen.

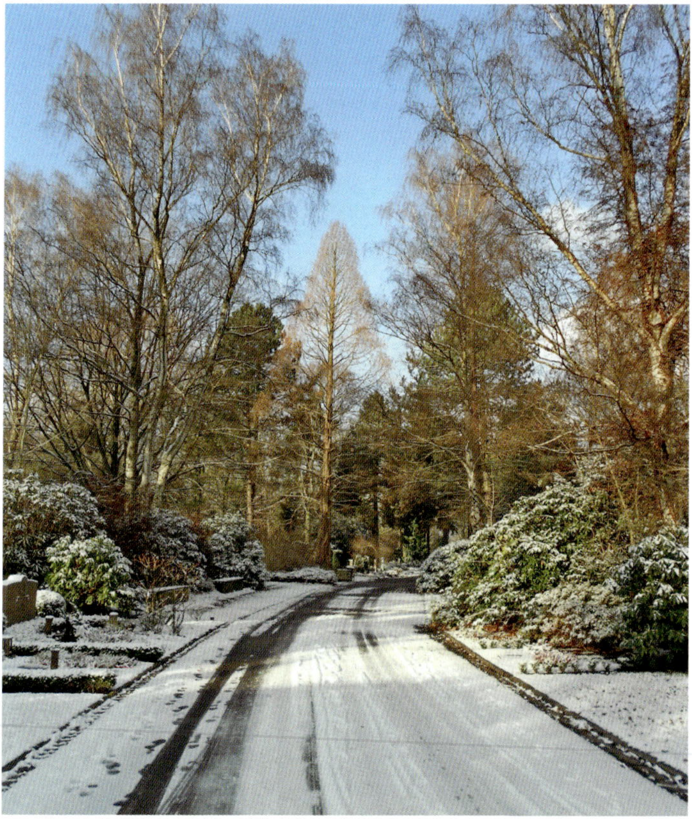

Auf dem Hauptfriedhof

Tatsächlich ist der Hauptfriedhof mit rund 135 Hektar die größte Grünfläche Dortmunds und zugleich einer der größten Friedhöfe Deutschlands. Die 1921 fertiggestellte Anlage entspricht in ihrer gärtnerisch durchdachten Gestaltung mit Treppen, netzförmig angeordnetem Wegesystem zwischen drei großen Achsen und unzähligen Bäumen einem Garten, der den Stil des Historismus zur Jahrhundertwende repräsentiert. Im Gegensatz dazu die wenige Jahre später fertig gewordenen Friedhofsgebäude – hier findet man bereits die Hinwendung zum Stil der Neuen Sachlichkeit verwirklicht.

6

Der **Talweg** leitet zwischen S-Bahn und Friedhof weiter. An der nächsten Kreuzung mit dem Rennweg geradeaus. Am Rennweg liegt auch der Jüdische Friedhof, während sich rechter Hand, aber noch jenseits der Bahnlinie, das Knappschaftskrankenhaus von 1958 befindet, kurz „Knappi" genannt. Jetzt kommen wir zum Gelände der **Pferderennbahn**, die den Stadtteil Wambel weithin bekannt gemacht hat.

i

Die Rennbahn Wambel gibt es bereits seit 1913. Sie galt über Jahrzehnte als eine Hochburg des Hindernissports, und die Galopprennbahn gehört zu den größten in Deutschland. Vor gut 30 Jahren wurde mit dem Bau der Allwetterbahn inklusive Flutlichtanlage 1981 der ganzjährige Rennbetrieb erreicht. Betrie-

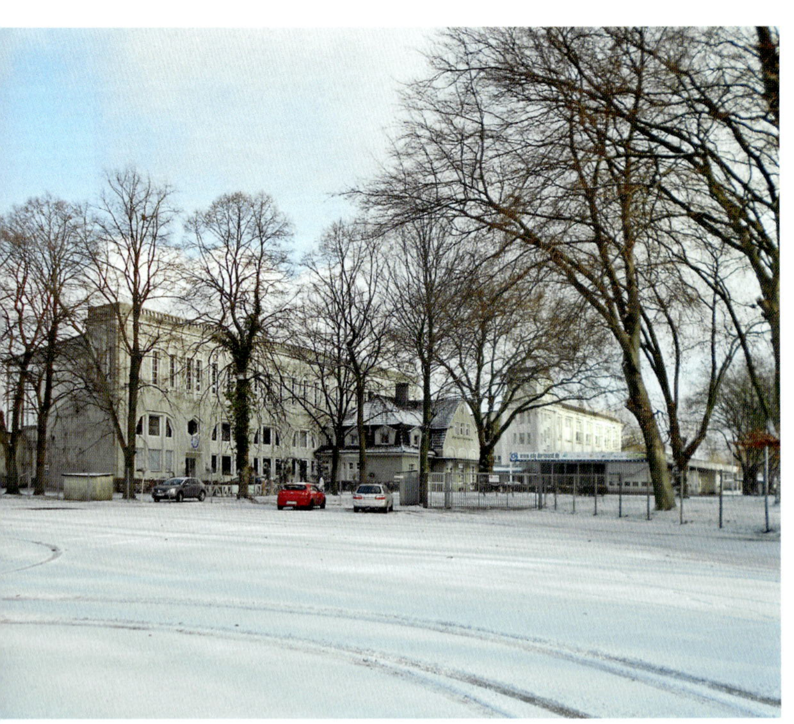

An der Pferderennbahn

ben wird die Pferdesportanlage vom Dortmunder Rennverein. Anziehungspunkt auch für weniger am Rennbetrieb Interessierte ist der beliebte Biergarten.

Am Ende des Areals links in den **Nussbaumweg**; dort fließt unbemerkt unter unseren Füßen der Verkehr der B 236 durch einen Tunnel. Anschließend vorbei am Hochhaus des Finanzamtes-Ost, dann links (**Auf dem Hohwart**), folgen wir der schönen, von Bäumen gesäumten Straße und laufen quasi direkt auf die große Trauerhalle im Eingangsbereich des **Hauptfriedhofes** zu. Das beeindruckende Bauwerk mit seinem 20 Meter hohen Innenraum steht wie die übrigen Friedhofsgebäude unter Denkmalschutz. Nun vor dem Friedhof rechts (**Am Gottesacker**), dann unterqueren wir den Westfalendamm (B1) und kommen erneut rechts haltend im Bogen zur **Stockholmer Allee**. Sie liegt in einem neuen Viertel im Stadtteil **Schüren**.

i

Zu Schüren gehört der Bereich Stadtkrone Ost. Hier entstand auf dem ehemaligen Gelände der britischen Rheinarmee ein neues Quartier im Winkel von B 236 und B1, das sich zu einem begehrten IT- und Dienstleistungsstandort entwickeln konnte. Städtebaulich interessant und sehenswert ist allein schon die Anlage der Straßen rund um den Europaplatz, die, man vermutet es schon, die Namen europäischer Städte tragen.

Dem Verlauf der Straße nach durchqueren wir das neue Quartier bis zum **Europaplatz**, nehmen von dort die **Lissaboner Allee**. Ein Abstecher über den **Londoner Bogen** zeigt mehr von der Architektur und führt automatisch zurück zur Route. Auf Höhe des Sportplatzes zweigt links ein schmalerer Weg ab. Er zieht quer hinüber zur stillgelegten Bahntrasse und in die **Gevelsbergstraße**, von der wir nach der Unterführung links in die Straße **Am Büter** einbiegen. Sie bringt uns automatisch zum schmalen früheren Gleisweg, auf dem wir rechts zum Ausgangsort zurückkommen.

Im Stadtbezirk Hörde

Diese Wanderung führt uns wieder einmal auf die Spuren gleich mehrerer Epochen. Von der mittelalterlichen Dorfkirche in Wellinghofen, den Überresten der alten Zechen oder dem 150-jährigen Hüttenhospital bis hin zu den Relikten des Phoenix Stahlwerks, das heute Hochblüte und Niedergang versinnbildlicht, gibt es vieles zu entdecken. Einen Blick in die Zukunft zeigt die Stadt am jungen Technologiepark Phoenix West.

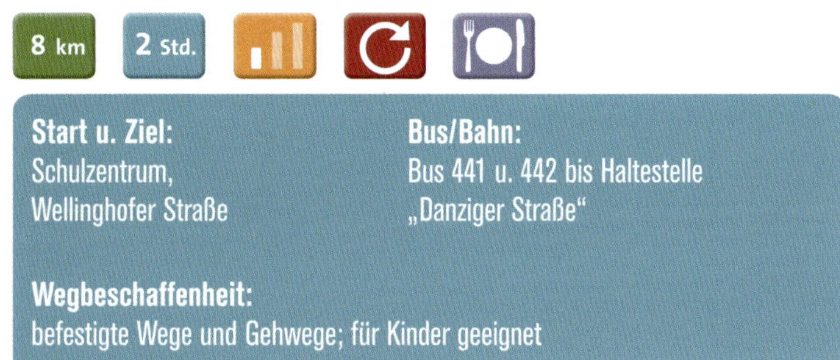

Start u. Ziel:
Schulzentrum,
Wellinghofer Straße

Bus/Bahn:
Bus 441 u. 442 bis Haltestelle „Danziger Straße"

Wegbeschaffenheit:
befestigte Wege und Gehwege; für Kinder geeignet

Wegbeschreibung

Von der **Wellinghofer Straße** biegen wir etwa auf Höhe des Schulzentrums links in die **Brücherhofstraße** ein und kreuzen mit ihr kurz darauf die Straße An der Goymark. Nun noch rund 400 Meter der Brücherhofstraße nach, dann können wir links abbiegen. Wir sind nun am Rand von Benninghofen und folgen hier dem Verlauf des Marksbachs durchs Grüne, vorbei an Kleingärten. Die größere Benninghofer Straße wird im Verlauf überquert, und an der nächsten Gabelung rechts führt uns die Straße **Am Marksbach** am traditionsreichen **Hüttenhospital** vorbei noch einmal kurz durch die Bebauung. Das „die Hütte" genannte Krankenhaus der BKK (Betriebskrankenkasse) Hoesch wurde 2008 bereits 150 Jahre alt. Am Ende wiederum rechts jetzt der Straße **Am Lohbach** folgen, und wie man gleich vermutet, plätschert auch dieser Bach in der Nähe. So bleiben wir am Rand des Stadtteils noch im Grünen und gelangen am Bach zur querenden Straße Overgünne.

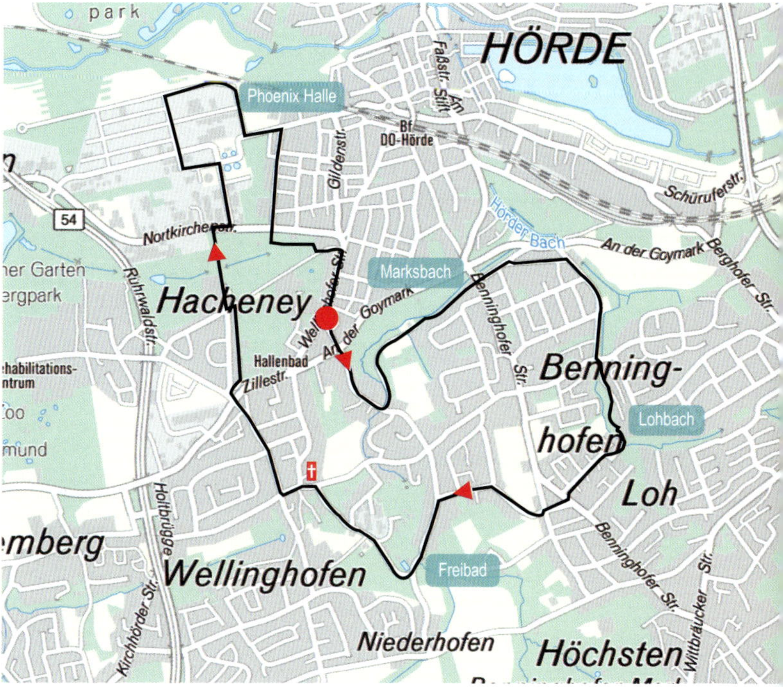

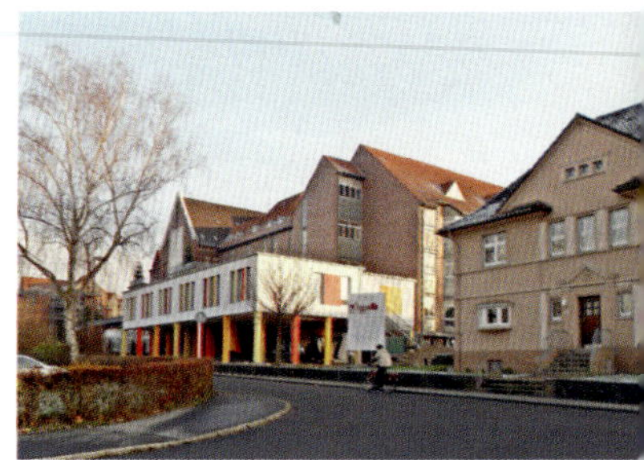

Am Hüttenhospital

Der Lohbach entspringt im Schwerter Wald kurz hinter der Stadtgrenze zu Schwerte und schlängelt sich, meist von etwas Grün umgeben, durch Benninghofen, um mit dem Marksbach den Hörder Bach zu bilden. Zu Beginn der Flutung des neuen Phoenix-Sees wurde auch das Wasser des Lohbachs genutzt; heute speist sich der See allein aus dem Grundwasser.

Gegenüber geht's in den kleinen Weg **Am Lohbach**. An der Gabelung uns rechts haltend, werden wir etwas später den Bach überqueren. Danach gleich rechts und noch einmal rechts – so kommen wir aus dem Lohbachtal heraus und im Bogen zur **Rothöfstraße**, mit der die kleine Siedlung Loh durchquert wird. Am Ende erneut die **Benninghofer Straße** kreuzen. Kurz links, dann rechts in die Straße **Benninghofer Heide** einbiegen. Sie führt uns im großen Bogen noch einmal zur **Brücherhofstraße**, in die es links einzubiegen gilt. Vorbei an einigen wenigen Häusern kommen wir zum beliebten Freibad in schöner Lage am Rand der Benninghofer Heide. 24 Grad Wassertemperatur laden auch an weniger perfekten Sommertagen zu einem Besuch ein. Wir nehmen hier den **Limburger Postweg**, der sehr angenehm am Friedhof, der links und rechts des Wegs liegt, vorbeizieht. Die rechts abgehende Admiralstraße sowie der dort anschließende Admiralplatz erinnern an die ehemalige **Zeche Admiral**, die hier bis 1925 Kohle förderte und etwas über 1.000 Arbeiter beschäftigte.

i Die ehemalige Zeche Admiral am Limburger Postweg in Wellinghofen nahm 1911 die Förderung auf, betrieb eine Kokerei und eine Brikettfabrik, musste aber bereits 1925 wegen Unwirtschaftlichkeit wieder dichtgemacht werden. Ein Betriebsgebäude von Admiral konnte erhalten werden und wird als schön sanierter Firmensitz genutzt.

Der **Limburger Postweg** endet an der Straße **Overgünne**. Hier steht gleich gegenüber die sehenswerte **Dorfkirche** von Wellinghofen. Die mittelalterliche Pfarrkirche diente den Dortmunder Pilgern als Rastort auf dem Weg zur Hohensyburg, wurde als Kreuzsaalkirche erbaut und im Laufe der Zeit mehrfach verändert. Ihr wehrhafter Turm soll auch für den Reichshof Westhofen als Wachturm eingesetzt worden sein. An der Kirche links weiter in den Ortskern von Wellinghofen, wo wir rechts in die **Preinstraße** einbiegen. Sie geht in den **Hacheneyer Kirchweg** über, mit dem wir geradeaus die Durchgangsstraße (Zillestraße) überqueren; linker Hand lag der ehemalige Standort der **Zeche Glückaufsegen 2**. Dann gleich zweimal rechts, gelangen wir zum Hallenbad an der Straße **Eichsfeld**. Hier am Rand der Siedlung Hacheney an mehreren Sportanlagen vorbei der Straße nach.

i

An der Zillestraße/Hacheneyer Kirchweg war von 1849 bis 1926 die Zeche Crone, die ab 1908 Glückaufsegen 2 hieß, in Förderung. Auch hinter dieser Zeche hatte es damals einen gewaltigen Haldenberg gegeben. Nach Stilllegung wurden die meisten Tagesanlagen abgebrochen. Erhalten werden konnte aber damals u. a. die ehemalige Markenkontrolle.

Haben wir die Hacheneystraße überquert, kommen wir geradeaus in eine Grünanlage und vorbei an den Schrebergärten. Dort entspringt der kleine Pferdebach, der zum Teich im Rombergpark fließt und dann unterirdisch die Emscher erreicht. Gegenüber des Städtischen Betriebshofs erreichen wir die **Nortkirchenstraße** und gelangen erst rechts, dann links abbiegend in

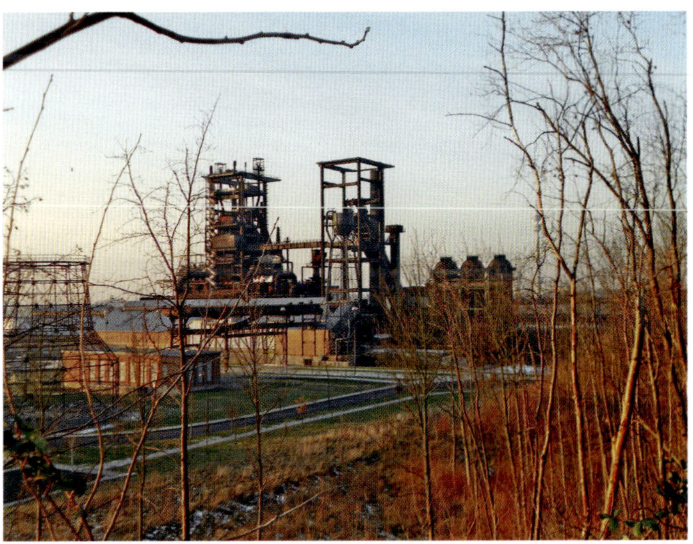

Phoenix West: Zwei Hochöfen erinnern an das Stahlwerk

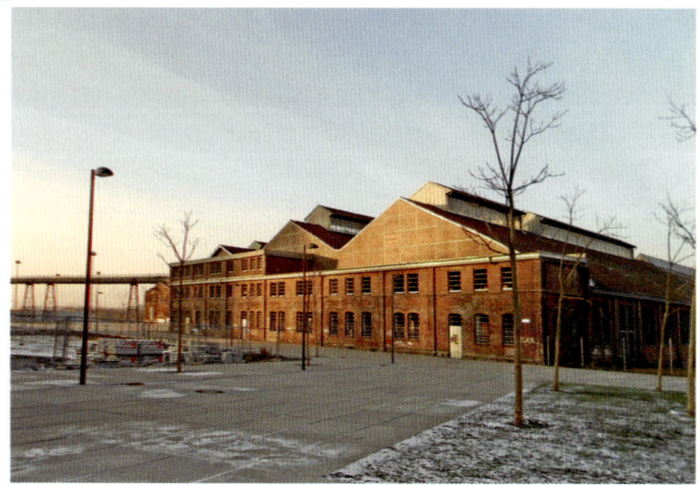

Die Phoenix Halle – heute Ausstellungsort

die **Felicitasstraße**, die uns hinein in das als Technologiepark völlig neu gestaltete frühere Areal des Stahlwerks **Phoenix West** bringt. Nach Schließung und Abbau begann ein schon Jahre andauernder Umstrukturierungsprozess der gewaltigen brachliegenden Industriefläche. Bei einem kleinen Rundgang kann man sich selbst ein Bild davon machen.

Passend zum Umfeld dokumentiert die Dauerausstellung „Das neue Dortmund" eindrucksvoll die durch den Strukturwandel einhergehenden Veränderungen der letzten Jahre, die die einstige Montanstadt zu einer modernen Metropole Westfalens machen sollen, zu finden in der ehemaligen Gebläsehalle der Hochöfen. Die Phoenix Halle ist darüber hinaus spannender Ausstellungsraum für internationale Kunstausstellungen, aber auch z. B. Ort für Kultur-Events aller Art.

Es geht vorbei am gewaltigen Gasometer zum **Hochofenplatz** mit den zwei verbliebenen Hochöfen, die die so wichtige Epoche symbolisieren und in Erinnerung halten. Mit der **Heinz-Nixdorf-Straße** kommen wir an den Nordrand des neuen Gewerbegebiets und können über die Emscher hinweg einen Blick Richtung Westfalenpark mit dem Florianturm werfen. Nun rechts weiter, vorbei an der **Phoenix Halle** am **Phoenixplatz** zur **Hochofenstraße**. Hier verlassen wir das neue Phoenix West-Areal, wenden uns erst nach links, dann nach rechts in die Straße **Entenpoth**, die jetzt am Rand von Hörde zur **Nortkirchenstraße** führt. Gleich gegenüber erneut zu der Kleingartenanlage und uns links haltend weiter. Vor uns im Blick die Hochhäuser am Clarenberg. Das Stadtviertel fiel früher einmal als sozialer Brennpunkt auf. Nachdem einiges getan wurde, um das Wohnumfeld zu verbessern, hat es wieder einen guten Ruf, und so leben die Menschen auch wieder gern dort. Neu gestaltete Fassaden und Hauseingänge und nicht zuletzt auch etliche soziale Angebote haben dazu beigetragen. Am Ende der Kleingärten zur **Hacheneyer** und zur **Wellinghofer Straße**, auf der wir rechts entlang kurz darauf den Ausgangspunkt erreichen.

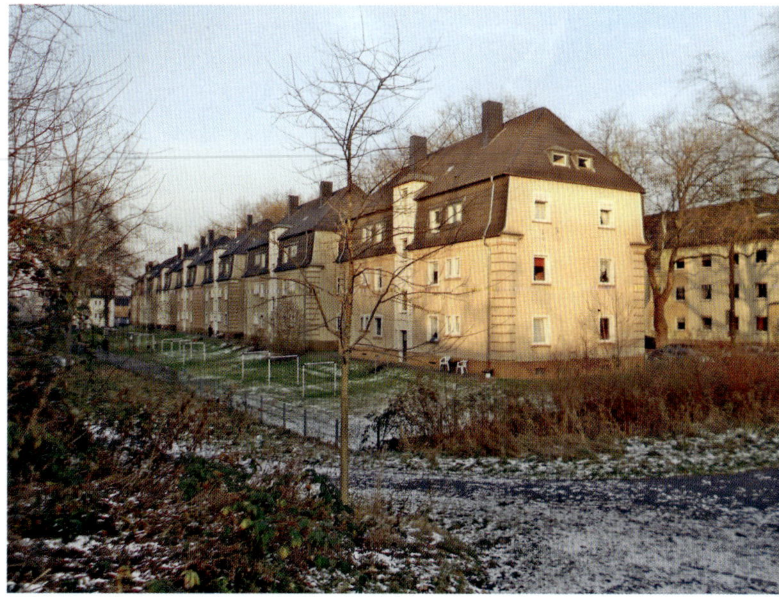

Arbeitersiedlung des ehemaligen Stahlwerks Phoenix West

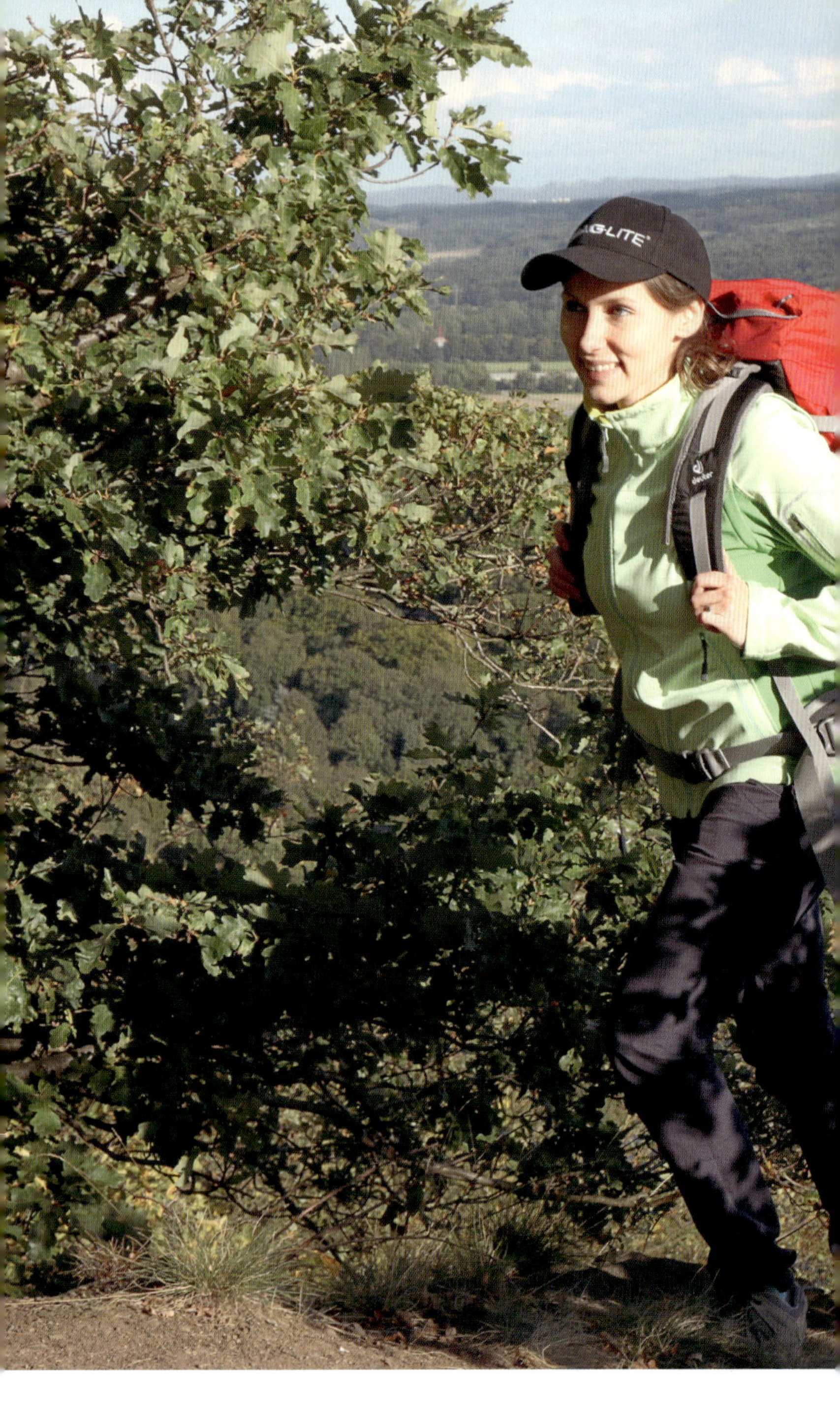

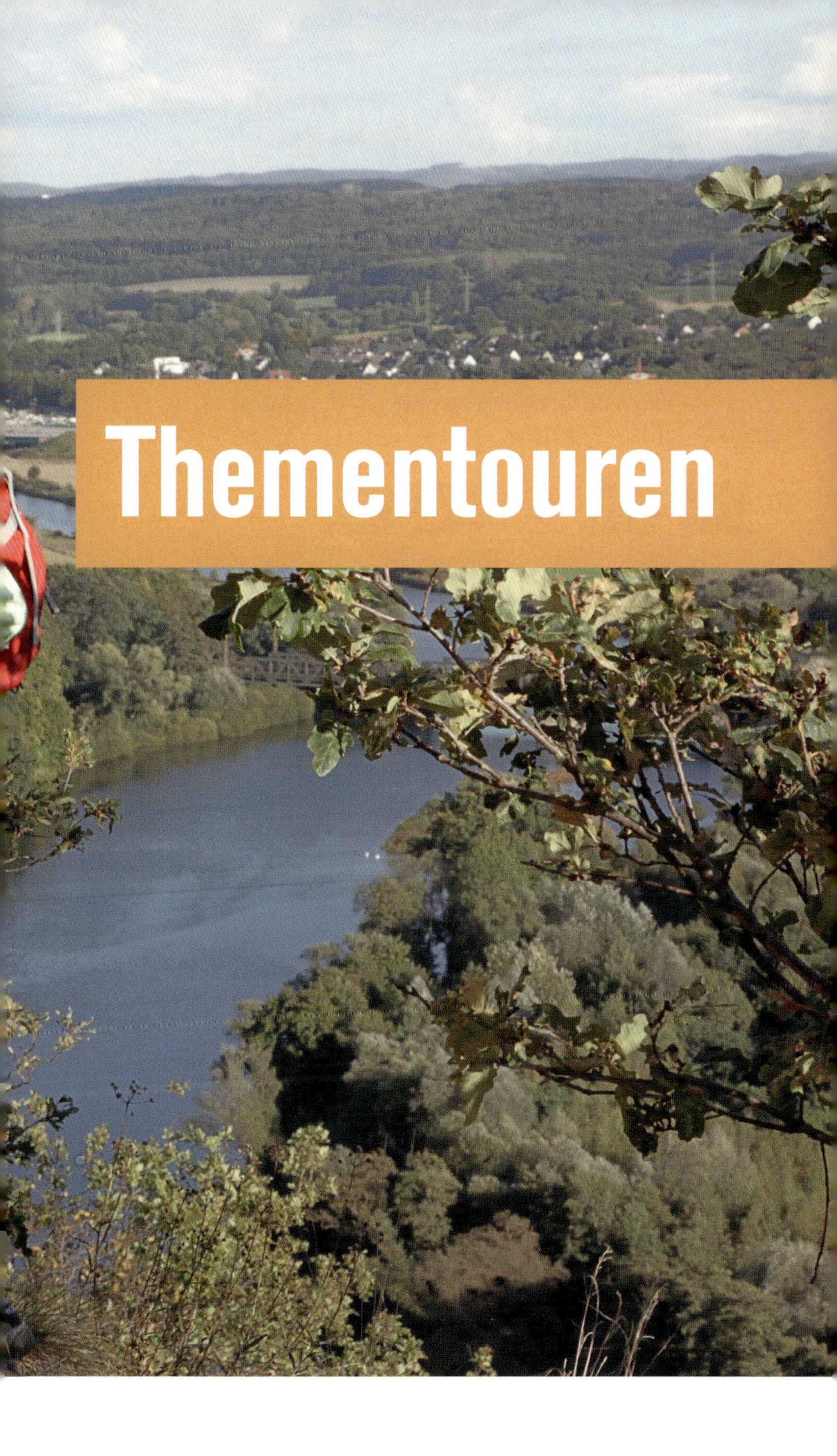

Thementouren

Auf klassischen Pfaden

Der „Rhein-Ruhr-Weg" verbindet zwei klassische Ausflugsziele – den Rombergpark und die Hohensyburg. Das Besondere bei der Wanderung: Unterwegs kann man wunderschöne Landschaften entdecken, an denen man sonst vielleicht achtlos vorbeifährt. Ob Hülsenwald, Vinklöther Mark oder Reichsmark – am Ende stehen wir ganz im Süden hoch über dem Hengsteysee auf dem Ardeykamm!

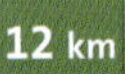

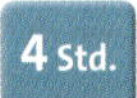

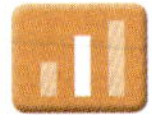
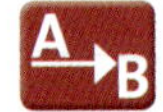

Start: Rombergpark, Am Rombergpark
Ziel: Hohensyburg, Hohensyburger Straße

Bus/Bahn:
Bus 440 oder U 49 bis Haltestelle „Rombergpark";
Bus 442 von Syburg bis Haltestelle „Hacheney" oder weiter bis Hörde Busbahnhof

Wegbeschaffenheit:
überwiegend befestigte Park- und Waldwege, einige Straßenabschnitte; kontinuierlich ansteigend, dazwischen ein Abstieg; für Kinder geeignet

Wegbeschreibung

Wir starten am Nordeingang des **Rombergparks**. Das Wanderzeichen X9 des „Rhein-Ruhr-Wegs" wird uns die ganze Zeit begleiten. Hier kommt man über die Fußgängerbrücke zum Nordeingang des Parks, an dem auch die Hotelfachschule steht und ein altes Torhaus (17. Jh.), das von der Städtischen Kunstgalerie genutzt wird. Es gehörte zum Gut Brünninghausen, auf dem sich die Herren von Romberg zu Beginn des 19. Jahrhunderts anstelle ihres Gutshauses eine klassizistische Schlossanlage errichten ließen. Das **Wasserschloss** wurde im Zweiten Weltkrieg zerstört und nicht wieder aufgebaut.

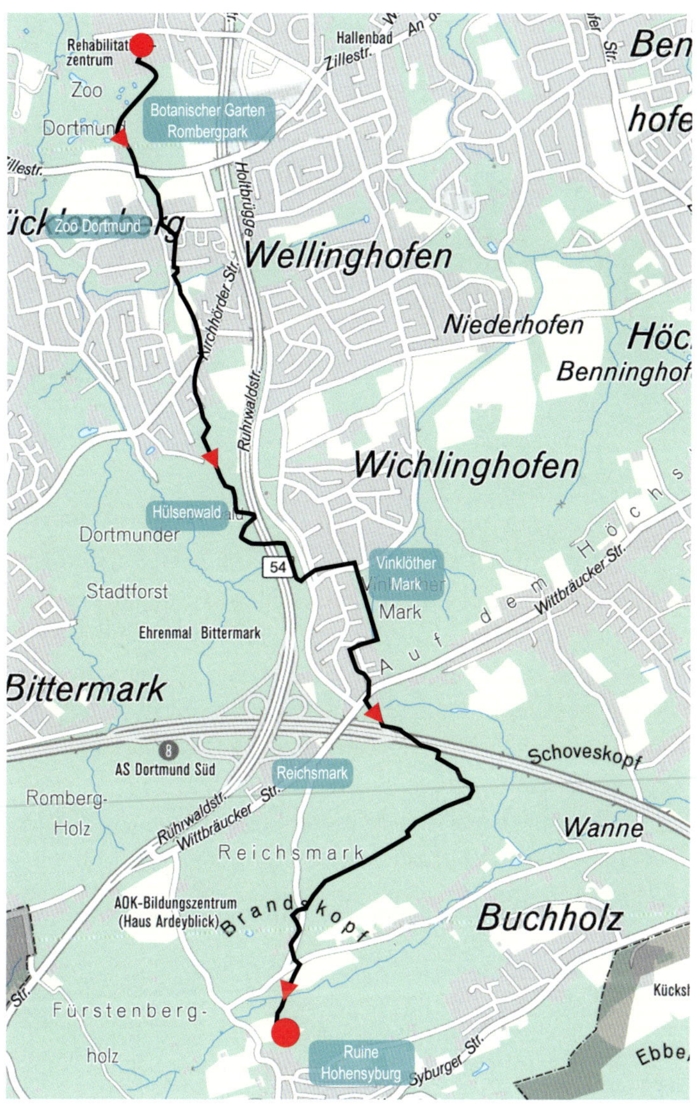

Baron Giesbert Christian Friedrich von Romberg (1773–1859) ließ mit dem Bau des Schlosses 1822 auch einen 60 ha großen Park im Stil eines englischen Landschaftsgartens mit großem Teich und eindrucksvoller Allee anlegen – Grundstein für den heutigen Botanischen Garten. Der Freiherr war zudem ein Pionier des frühen Ruhrbergbaus. So machte er die Zeche Vollmond in Bochum-Werne, mit der er 1803 belehnt worden war, zu einer der modernsten frühen Schachtanlagen des Ruhrgebiets. 1808 wurde dort der erste wirkliche Tiefbauschacht (46 m) geteuft – ein wegweisender Vorgang für das gesamte Revier. Schon 1801 hatte Baron von Romberg zum ersten Mal im Ruhrbergbau überhaupt eine Dampfmaschine (zur Wasserhaltung) zum Einsatz kommen lassen.

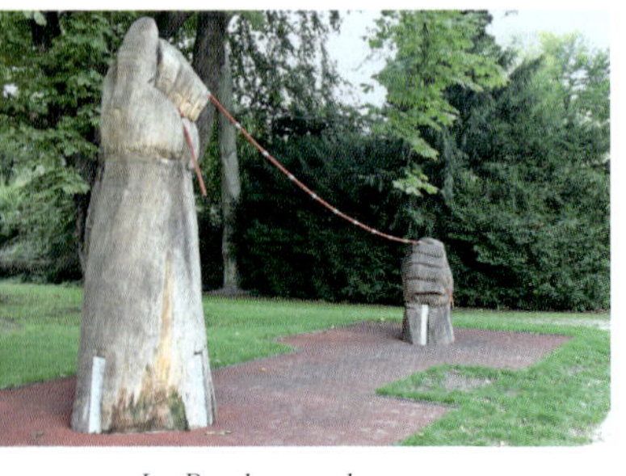

Im Rombergpark

Im Rombergpark mit einem der bedeutendsten botanischen Gärten Deutschlands kommen wir gleich zu Beginn zum Teich, wandern im Bogen an ihm entlang und begleiten dann den kleinen Bach Schondelle. Linker Hand der Waldpark mit seinem wertvollen Baumbestand, in dem die größte Buche Nordrhein-Westfalens steht, breitet sich rechts der eigentliche Botanische Garten aus, der 1927 mit der Verlegung des Botanischen Schulgartens der Stadt in den Schlosspark seinen Anfang nahm. Hochangesehen ist die als Erweiterung angepflanzte Gehölzsammlung (Arboretum) mit exotischen Exemplaren. Und einen geschützten Raum finden vom Aussterben bedrohte Pflanzen im Loki-Schmidt-Garten. Interessant sind auch die Pflanzenschauhäuser. Wer das alles noch nicht gesehen hat, muss sicher ein bisschen mehr Zeit für die Wanderung einplanen, um die Anlage erst einmal ein wenig zu erkunden. Am Rand des Rombergparks am Schulareal entlang geht es anschließend leicht bergauf durch den Wald am Tierpark.

An der **Zillestraße** endet der Rombergpark, nun zuerst durch die Felder von Lücklemberg, bringt uns dann die Straße **Am Kramberg** nach einem kurzen Stück Wohnsiedlung ins romantische Tal der Schondelle (stets X9- oder X-markiert) und durch Felder. Mit dem **Kleinen Floraweg** kreuzen wir die Kirchhörder Straße und kommen mit dem **Kleinen Waldhausweg** nach ein paar Häusern von Kirchhörde in den Wald im Naturschutzgebiet Hülsenwald (Teil des Dortmunder Stadtforstes). In Schleifen führt der Weg hinüber zur Fußgängerbrücke über die B 54, danach im Bogen nach rechts durch den Waldstreifen am Rand von Wichlinghofen. Kurz darauf biegen wir links ab zur **Brandisstraße**. Hier liegt wenig weiter rechts die neue Rettungswache, die für die südlichen Dortmunder Stadtteile eine wichtige Sicherheitslücke schließt. Autofans könnten einen Abstecher zu einem privaten Automuseum machen, in dem exklusive Fahrzeuge (Jaguar, Ferrari, Horch u. a.) sowie eine Sammlung historischer Motorräder gezeigt werden: Dazu die Brandisstraße oder parallel der Straße Markhege gut einen Kilometer links entlang zum Niederhofer Kohlenweg.

Wir folgen (X-markiert) der Straße **Am Heisterbach** geradeaus durch 200 Meter Bebauung und kommen schon wieder an den Ortsrand. Wenig später biegen wir am Waldrand rechts

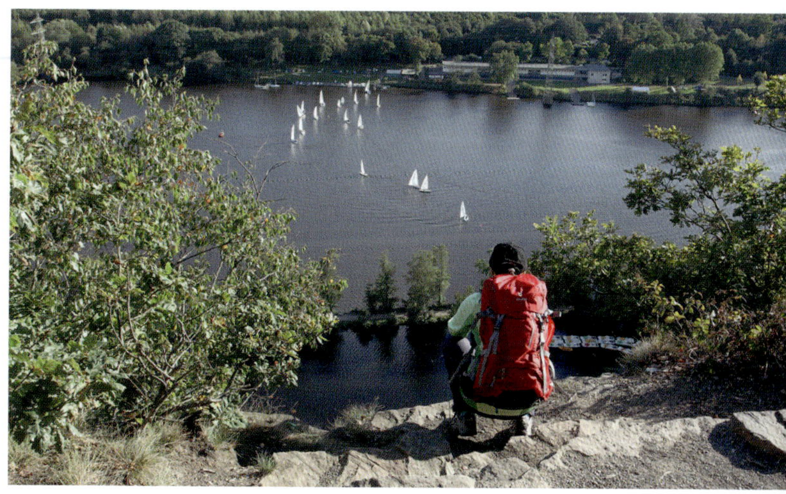

An der Hohensyburg mit herrlichem Blich über den Hengsteysee

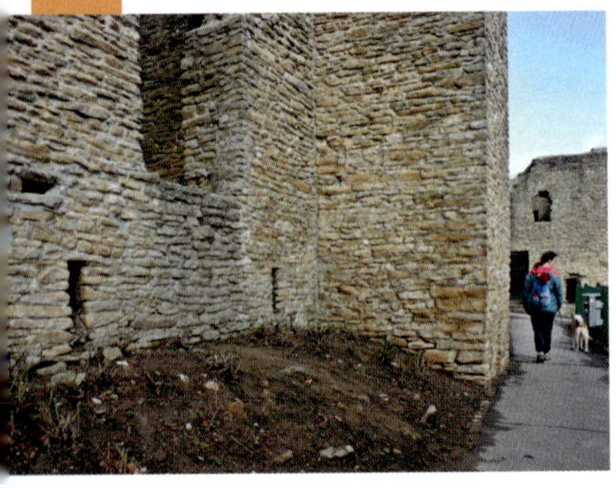

An der Burgruine der Hohensyburg

ein in die **Vinklöther Mark**. Hier führt der Weg geradeaus aufwärts durch den Wald zum Höhenrücken **Auf dem Höchsten**, dabei knapp bis vor die **Wittbräucker Straße** (B 234), dort rechts weiter an den Südrand von Wichlinghofen und nun über die Bundesstraße hinweg. Wenig später nehmen wir die Fußgängerbrücke über die Autobahn (A 45, Sauerlandlinie). Jetzt durch den Wald an der **Reichsmark** beständig abwärts, bis das offene Wannebachtal ereicht ist. Hier rechts (**Kleine Wannestraße**) der dünn besiedelten Straße nach durch die Wiesen und Felder. Dass wir uns im Ardeygebirge befinden, davon zeugen im weiteren Umkreis Erhebungen wie der westlich gelegene Brandskopf (203 m) in der Reichsmark, der Schorveskopf (185 m, im Norden, an der A 45) oder der Asenberg (210 m) im Osten von Syburg. Wir kreuzen die Wannestraße und wandern danach durch den Wald, bis wir nach **Syburg** kommen. Dort links mit der **Reichsmarkstraße** weiter zur Durchgangsstraße (L 704), wo auch die Bushaltestelle für die Rückfahrt zu finden ist, und schräg gegenüber in die **Hohensyburgstraße**, die uns direkt hinauf Richtung **Burgruine** leitet.

i

Ursprünge der Burg gehen wohl auf die „Sigiburg" aus dem 8. Jahrhundert zurück. Die ehemalige Fliehburg wurde 775 von den Franken unter Karl dem Großen erobert. Ein Markstein in der Geschichte des Ruhrgebietes. Durch die Einnahme der Sigiburg konnte die Christianisierung weiter voranschreiten, denn die Burg war ein entscheidender Stützpunkt, um die Vorherrschaft über zwei wichtige Handelswege, über die untere und mittlere Ruhr und das Lenne- und das Volmetal zu erlangen. In der Folge entstanden die Königshöfe, und der so wichtige Hellweg wurde ausgebaut und befestigt. An diesem Ort errichtete man dann um 1070 die Hohensyburg, die aber bereits 1287 von den Grafen von der Mark zerstört wurde. Zwei Bergfriede und das Hauptgebäude mit Rittersaal als Zentrum der Burganlage sind noch als romantische Ruinen erhalten.

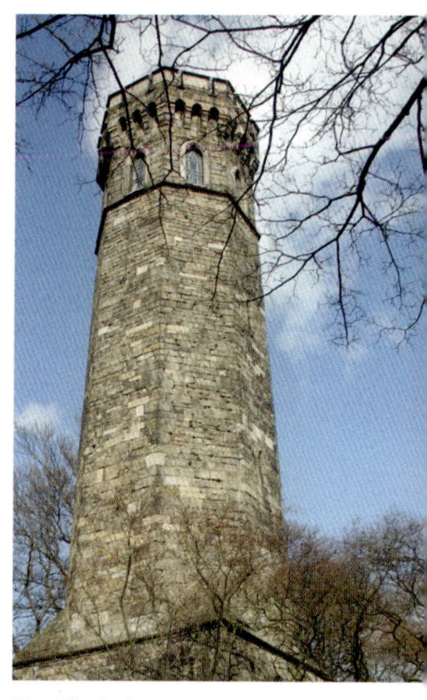

Der Vincketurm

Wie auf einem Hochplateau breitet sich das Areal als Park gestaltet rund um die Hohensyburg aus. Erst geht es vorbei am monumentalen **Kaiser-Wilhelm-Denkmal**, das ursprünglich 1902 erbaut wurde, 500.000 Goldmark teures Prestigeobjekt der heimischen Großindustrie war und nicht zuletzt aus Rivalität zum an der Porta Westfalica errichteten Kaiser-Wilhelm-Denkmal entstand; 1936 wurde es umgestaltet. Wenig später passieren wir den achteckigen, 35 Meter hohen **Vincketurm**. Er wurde 1857 zu Ehren von Ludwig Freiherr von Vincke, dem ersten Oberpräsidenten der Provinz Westfalen, errichtet und wird als Aussichtsturm genutzt. Danach kommen wir zur malerischen **Ruine Hohensyburg**. Hier fällt steil der bewaldete Ardeykamm hinab zum Hengsteysee. Mächtige Felsen brechen dabei aus dem Hang hervor. Wie Felskanzeln bieten manche entlang eines Wanderwegs wunderbare Aussichtspunkte. Ganz tolle Aussicht ermöglicht aber auch die Burgruine weit über den See hinaus nach Hagen oder halblinks (südöstlich) zur Mündung der Lenne in die Ruhr. Zum Schluss weiter zum Casino Hohensyburg und von dort an der Syburger Dorfkirche vorbei nach Syburg zur Bushaltestelle.

Zu alten Adelssitzen

Gleich mehrere alte Adelssitze begegnen uns auf dieser überwiegend ländlichen Runde im Westen der Stadt. Haus Dellwig mit dem Heimatmuseum macht den Anfang, prächtiger Höhenpunkt ist Schloss Bodelschwingh, während von Haus Westhusen im Westerfilder Wald und Haus Wischlingen im gleichnamigen Revierpark nur wenig erhalten blieb. Dafür entschädigt die schöne Lage.

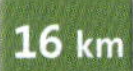

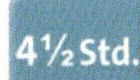

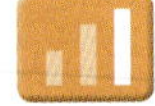
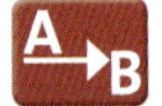

Start: Haus Dellwig, Dellwiger Straße
Ziel: Revierpark Wischlingen

Bus/Bahn:
Bhf. DO-Lütgendortmund-Nord; von dort ca. 800 m zum Haus Dellwig; vom Bhf. DO-Rahm mit RB 43 zurück

Wegbeschaffenheit:
befestigte Wege und asphaltierte Nebenstraßen, zwei deutliche, aber kurze Anstiege; für Kinder geeignet

Wegbeschreibung

Haus Dellwig in Lütgendortmund ist Ausgangspunkt und erster schöner alter Adelssitz dieser Wanderung. In der Vorburg des kleinen Wasserschlosses wurde ein interessantes Heimatmuseum eingerichtet. Von außen ansehen kann man sich zuvor aber auch das Herrenhaus mit den charakteristischen Giebeln.

i

Der ehemalige Rittersitz wurde 1238 erstmals erwähnt, fiel später dem Dreißigjährigen Krieg zum Opfer und wurde danach über mehr als dreißig Jahre bis 1690 neu aufgebaut. Auch heute noch präsentiert sich das Wappen derer von Dellwig über dem Zugang im Portalturm. Ein landwirtschaftlicher Betrieb hat derzeit das Anwesen gepachtet und bewirtschaftet die umliegenden Felder.

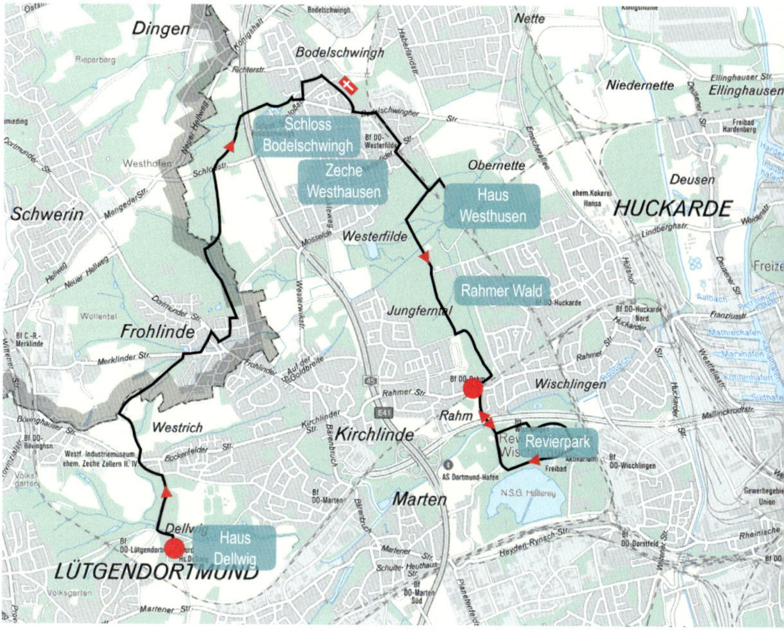

Wir schließen uns an der Ecke **Dellwiger Straße** und **Am Nocken** gleich längere Zeit dem Wanderzeichen „D im Kreis“ an und gehen zu Beginn auf einem separaten Rad- und Fußweg der Straße **Im Nocken** nach, hier aufwärts durch den Wald. Am westlichen Ende des Stadtteils Westrich kommen wir zur **Bockenfelder Straße** und weiter in den Fahrweg **Brandheide**. Er leitet durch Feld, Wald und Wiesen bergauf zu einigen wenigen Häusern – schaut man sich zwischendurch um, sticht gleich Zeche Zollern in Bövinghausen ins Auge. Oben auf der Kuppe eröffnet sich eine herrlich weite Aussicht. Dann rechts, weiter der **Brandheide** nach, zuerst deutlich, dann leichter bergab durch ländli-

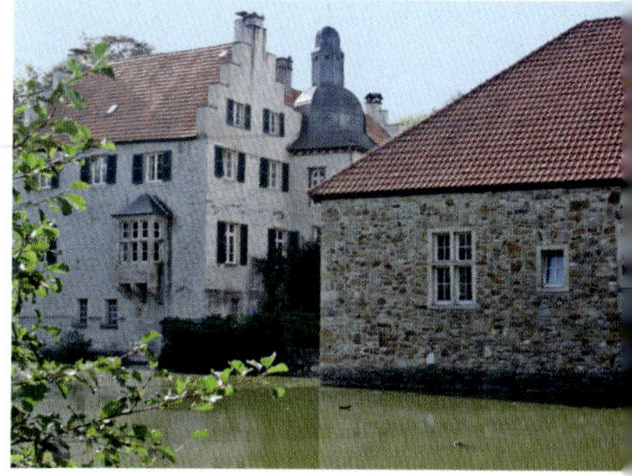

Haus Dellwig

che Umgebung hinüber nach Frohlinde, wo wir einen Zipfel von Castrop-Rauxel durchqueren. Erst einmal aber spazieren wir am Teich am Mühlenbach vorbei durch einen kleinen Park und steigen anschließend dem Sträßchen **Mühlenkamp** nach steil aufwärts hinein nach **Frohlinde**. Auf der kopfsteingepflasterten **Dorfstraße** erreichen wir das Zentrum, biegen rechts in die **Dortmunder Straße** und gleich darauf links ein und passieren Kirche und Kindergarten. Danach links, am Parkplatz „D im Kreis" nach weiter zum nahen Golfplatz, an ihm vorbei und durch einen kleinen Wald. Danach verwöhnt noch einmal ein weiter Blick über Dortmund und den bewaldeten Ardeystrang. Jetzt links am Waldrand entlang dem Feldweg nach bis zur nächsten Straße (**Schloßstraße**), dort ein Stück nach rechts und am Parkplatz links wieder hinein in den Wald. Hier langgezogen bergab (mit „D im Kreis" und A1), bis wir noch im Wald (am „Tempel der Ruhe" vorbei) auf einen Querweg treffen, an dem wir zur Markierung XE wechseln, rechts einbiegen und kurz darauf auf einer kleinen Brücke die Autobahn 45 kreuzen. Direkt dahinter liegt in einer Parkanlage **Schloss Bodelschwingh**.

i Es gilt als das schönste und besterhaltene Herrenhaus Dortmunds. Die Wasserburg mit Ursprüngen aus dem 13. Jahrhundert wurde einst auf Eichenholzpfählen errichtet. Im 16. und 17. Jahrhundert noch einmal deutlich ausgebaut, ist Schloss Bodelschwingh heute von diesen Bauphasen geprägt. 1961 bis 1964 erfolgte eine aufwändige Instandsetzung. Zwar können die Innenräume nicht besichtigt werden, denn als einziger Dortmunder Adelssitz wird er noch heute von den Nachkommen seiner Begründer bewohnt, doch auch ein Blick von außen auf die prächtige Anlage (mit entsprechender Rücksicht) lohnt sich.

Hinter Schloss Bodelschwingh führen die Markierungen uns bald hinein in den Ort und an der kleinen, 2001/02 schön renovierten evangelischen **Bruchstein-Saalkirche** vorbei, in der zeitweise die Verstorbenen derer von Bodelschwingh beigesetzt wurden. 1312 durch Ritter Giselbert gen. Speke gestiftet, entstand der Chor wohl nach 1350 und der Westturm vermutlich 1506. Im gotischen Stil wurde das Langhaus erst 1693 neu erbaut. Wir biegen danach links in die **Deininghauser Straße** und von dort rechts in die **Kösterstraße** ein. Am Ende rechts (ohne „XE"), mit der Straße **Im Orde** zur **Schloßstraße**, geradeaus (ab jetzt mit A1) in die **Bermesdickerstraße** und zum Schluss links in die **Bodelschwingher Straße**.

Hier stand gegenüber einmal die Westerfilder Zeche Westhausen, deren Relikte heute unter Denkmalschutz stehen, u. a. ein 27 Meter hoher gemauerter Malakowturm - nur noch 14 Schachttürme seiner Art sind im Revier zu finden - und die sehenswerte Lohnhalle. 1872 nahm die nach dem einstigen Wasserschloss benannte Zeche ihren Betrieb auf, 1955 erfolgte die Zusammenlegung mit der Schachtanlage Hansa, und Westhausen wurde als Förderanlage stillgelegt. Im Fördermaschinenhaus (Schacht 3) findet man ein kleines Bergbaumuseum.

Haben wir danach die S-Bahn-Trasse unterquert, können wir (mit A1) gleich rechts einbiegen und gelangen entlang der Bahnlinie und am Bahnhof vorbei wenig später in den Westerfilder Wald. Ein breiter Weg leitet geradeaus weiter. Um direkt hinüber zum **Haus Westhusen** zu gelangen, nutzen wir erneut eine Bahnunterführung.

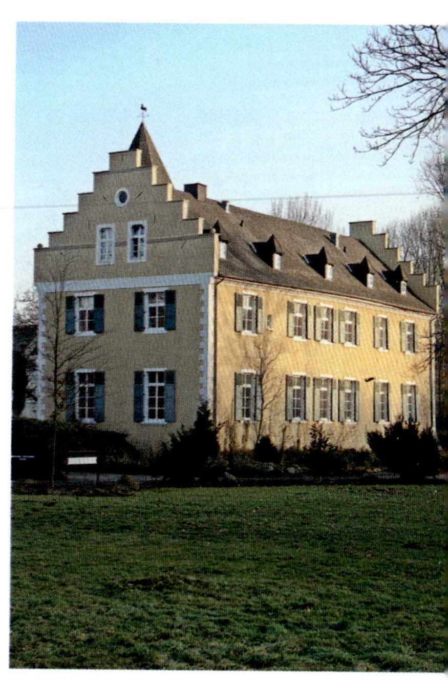
Haus Westhusen

Haus Westhusen verbindet man heutzutage mit dem dort eingerichteten

Seniorenheim, das durch seine idyllische Lage mitten im Westerfilder Wald besticht. Das ehemalige Wasserschloss, dessen Ursprung bis ins Jahr 1332 zurückgeht, wurde durch etliche neue Gebäude ergänzt, doch einige ältere Wirtschaftsgebäude blieben außerdem erhalten.

Für den Weiterweg vom Haus Westhusen kurz das kleine Stück zurück und erneut die Bahnlinie unterqueren, dann geradeaus dem Emscher-Park-Radweg „Roter Förderturm" nach. Er leitet uns links abbiegend durch das geschützte Waldgebiet, dabei über den Fildebach und den Nettebach und unmerklich hinein in den Rahmer Wald. Unser Weg endet am Waldrand, an dem wir links haltend am Spielplatz vorbeikommen und dann rechts abbiegen (erneut mit A1). So passieren wir kurz darauf das Jugendheim, schwenken vor der Bahntrasse rechts ein und kreuzen beim Bahnhof Rahm die Bahnstrecke. Auf dem **Wischlinger Weg** überqueren wir die Schnellstraße und kommen zum **Haus Wischlingen** am Rand des Revierparks.

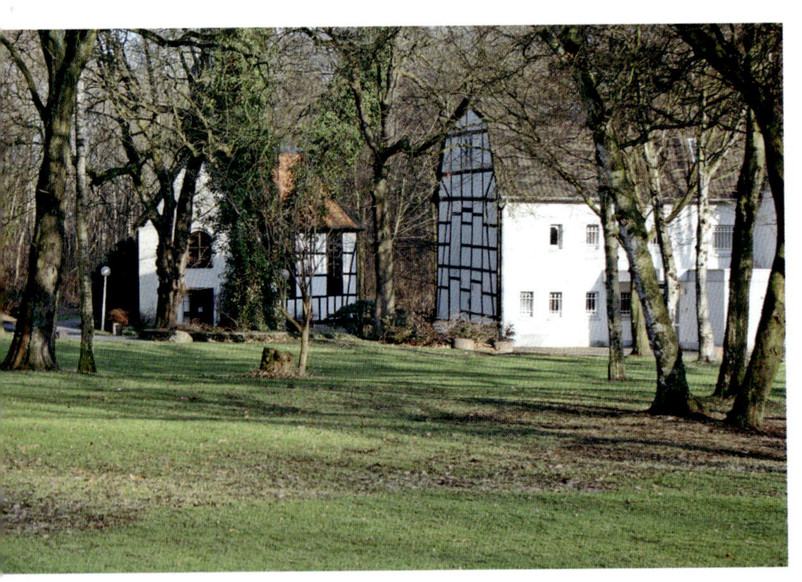

Fachwerkkapelle und ehemalige Mühle Haus Wischlingen

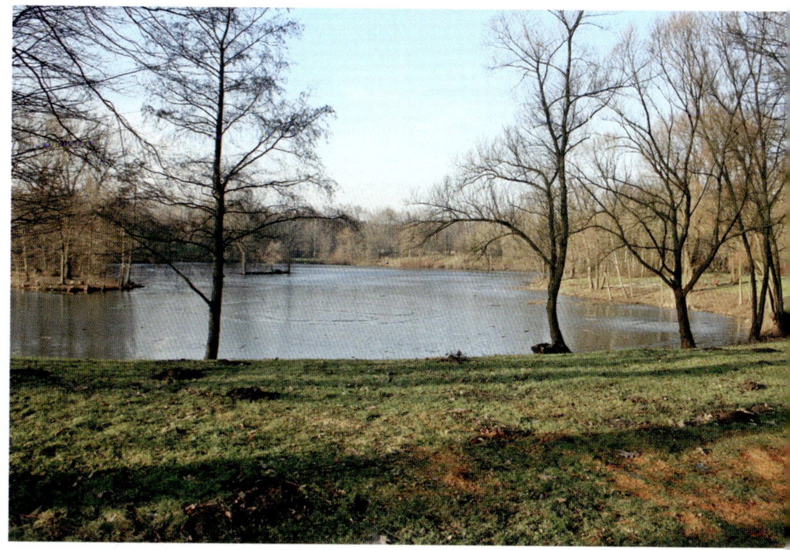

Idyllischer Blick auf den kleinen See im Revierpark Wischlingen

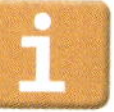

Die älteste Anlage von Haus Wischlingen, das man schon 1284 erstmals erwähnt findet, ist bereits in der märkisch-klevischen Fehde 1443 zerstört worden. Zwar wurde sie wiederaufgebaut, doch von dem einst von einer Gräfte umgebenen Herrenhaus mit den Nebengebäuden ist nur die zu Wohnraum umgebaute Mühle erhalten geblieben. Sehenswert ist aber auch die anliegende kleine Fachwerkkapelle von 1783.

Anschließend wird natürlich noch der **Revierpark Wischlingen** erkundet. Er ist einer der fünf vom damaligen Kommunalverband Ruhr (KVR) in den 1970er-Jahren angelegten Revierparks. Die 39 ha große Anlage mit einem kleinen See, auf dem man Bötchenfahren kann, bietet neben weitläufigen Spazierwegen mit vielen Rastgelegenheiten und einem Japanischen Garten auch etliche weitere attraktive Sport- und Freizeiteinrichtungen sowohl für draußen als auch wetterunabhängig. Und im Süden schließt sich das große Naturschutzgebiet Hallerey mit seiner Seenlandschaft an.

Vom Alten Hafenamt zum Schleusenpark

Der Hafen und der Dortmund-Ems-Kanal waren immer wichtige Bausteine der wirtschaftlichen Entwicklung der Stadt. So schauen wir uns am Alten Hafenamt ein bisschen um und folgen danach dem Kanal zum Schleusenpark Waltrop mit dem bedeutenden Industriemuseum, um Landschaft und Geschichte zu entdecken.

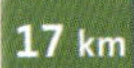

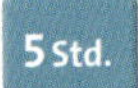

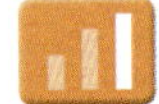
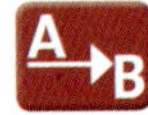

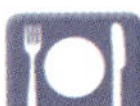

Start: Altes Hafenamt, Sunderweg
Ziel: Schleusenpark Waltrop, Am Hebewerk 2, 45731 Waltrop

Bus/Bahn:
U 49 oder Bus 475 bis Haltestelle „Hafen“; Bus SB 22 bis Hbf Castrop-Rauxel, weiter mit Bus 237 bis Bahnhof Castrop-Rauxel-Süd: hier S-Bahnverbindung nach Dortmund

Wegbeschaffenheit:
befestigte Wege; ohne Steigung; für Kinder geeignet

Wegbeschreibung

Am **Alten Hafenamt** ist man schon mittendrin in der geschäftigen Atmosphäre des Dortmunder Hafens, der sein Gesicht hin zu einem Logistikstandort gewandelt hat. Gegenüber liegt direkt der Anleger „Stadthafen“ für die Ausflugsschifffahrt, und ungefähr dorthin wollen wir, um die Wanderung fortzusetzen.

i Im Alten Hafenamt kann man sich zuerst bei einem Rundgang durch die Ausstellung zur Geschichte des Hafens umfassend informieren. 1899 kam Kaiser Wilhelm II. persönlich, um ihn nach vier Jahren Bauzeit feierlich einzuweihen. Im „Leuchtturm“ am Hafenamt richtete man seinerzeit das Kaiserzimmer ein für den Besuch des Monarchen. Der hatte aber so wenig Zeit mitgebracht,

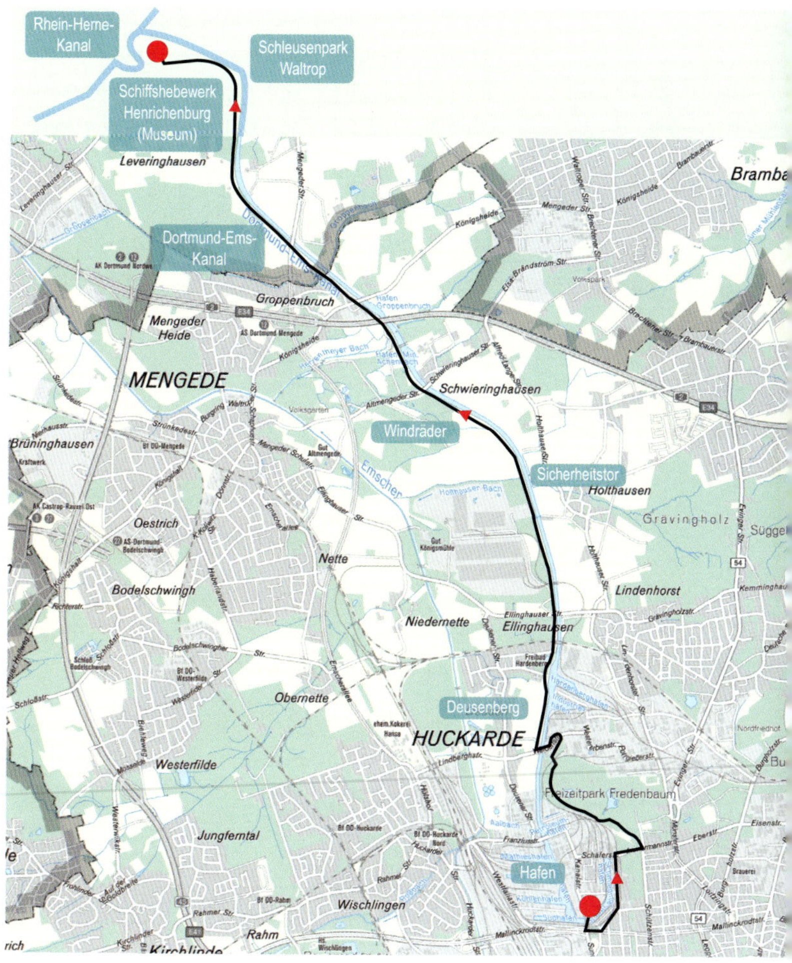

dass er es gar nicht betrat. Dafür können sich heute Brautpaare in diesem einmaligen Ambiente standesamtlich trauen lassen.

Erst einmal geht es mit der Straßenbrücke des **Sunderwegs** über den Hafenkanal hinweg. Links unterhalb (am Gebäude der großen Spedition Schenker vorbei) verläuft die Speicherstraße, die wir nun ansteuern. Dazu müssen wir einen kleinen Umweg über die U-Bahn-Haltestelle „Hafen" nehmen, die unter der Brücke auf

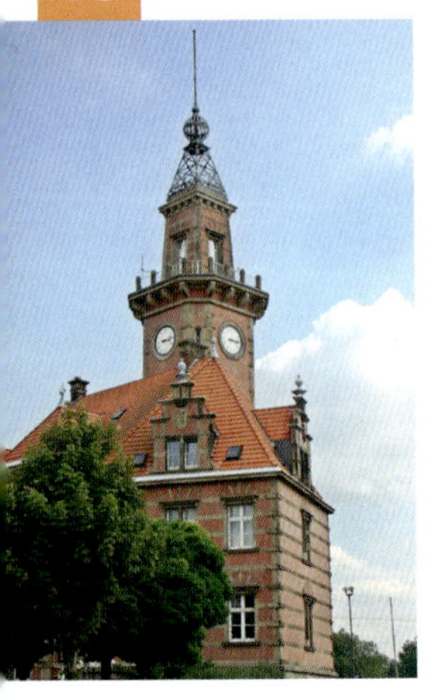

Altes Hafenamt

Straßenniveau in der Mitte der vierspurigen **Mallinckrodtstraße** liegt. Am Ende des Haltestellenbereichs die Mallinckrodtstraße an der Ampel links überqueren, wenige Meter rechts, dann links auf der **Lagerhausstraße** weiter zur **Speicherstraße**, in die wir rechts einbiegen. Sie führt uns vorbei an den Speditionsgebäuden am Stadthafen zum neuen Hafenamt und weiter beim Schmiedinghafen bis zur **Schäferstraße**.

i Heutzutage gilt der Dortmunder Hafen mit 11 km Uferlänge, zehn Hafenbecken, 170 Hektar Gesamtfläche (davon 35 ha Wasserfläche) und rund 5000 Arbeitnehmern als größter Kanalhafen Europas. Jahrzehntelang lag seine Bedeutung an erster Stelle in der Einfuhr von Eisenerz für die heimische Stahlindustrie sowie im Export von Kohle. Nach dem Ende von Kohle und Stahl fand er neues Gewicht als Logistikzentrum.

Es geht rechts in die **Schäferstraße**, die uns aus dem Hafenbereich heraus in ruhigere Gefilde bringt. So biegen wir an der Kreuzung mit der Schützenstraße links in den Kleingarten ein, um dahinter in den **Freizeitpark Fredenbaum** zu gelangen. Dort wandern wir uns links haltend an seinem Rand entlang (oder nach Lust und Laune mittendurch) hinüber zum Ausgang **Weidenstraße** und über den Verbindungsweg weiter zur Straße.

i Der Freizeitpark Fredenbaum ist der älteste Park Dortmunds. Gerade wenn man vom industriell geprägten Hafen kommt, ist der Kontrast groß, denn hier findet man teilweise urige Waldstücke im alten Westerholz, wo die Natur noch ein wenig sich selbst überlassen wurde. Der Freizeitpark entstand kurz nach 1900, und damals schon errichtete man allerlei Freizeitanlagen, die aber im Zweiten Weltkrieg zerstört wurden. Wertvoller, alter Baumbestand blieb aber erhalten, und zwei Teiche verbreiten viel Atmosphäre.

Mit der **Weidenstraße** geht es links über den **Dortmund-Ems-Kanal**, dann rechts hinunter (**Alter Erlenweg**) und wieder rechts zum Uferweg. Bis zum Endpunkt der Wanderung begleiten wir jetzt den Wasserweg auf dieser Seite. Zu Beginn kommen wir zum kleinen Ortsteil Deusen, der sich zwischen Kanal und Emscher erstreckt. Hier ragt noch jenseits des Flusses der **Deusenberg** 115 Meter in die Höhe. Die inzwischen rekultivierte Halde einer Mülldeponie wurde zum attraktiven Aussichtsberg mit Mountainbike-Arena. Bald liegen vor uns Industrie- und Hardenberghafen. Anschließend passieren wir auf unserer Uferseite das **Kaltwasserfreibad Hardenberg** am Badweg – **Fürst Hardenberg**, so hieß die stillgelegte Zeche jenseits des Kanals, wo heute der Logistikpark, auf dem der denkmalgeschützte gemauerte Malakowturm erhalten blieb, nach der Zeche benannt wurde. Von 1884 bis 1901 betrieb das Bergwerk auch einmal ein „Soolbad", das die Anwohner mit nutzen durften.

i

Namenspate für die Zeche Fürst Hardenberg in Lindenhorst war der preußische Staatsmann Karl August Fürst von Hardenberg (1750–1822). 1876 nahm man dort die Förderung auf, die um 1950 ihre höchste Blüte erreichte. 1881 war bereits der Zusammenschluss mit dem Bergwerk Minister Stein zu Vereinigte

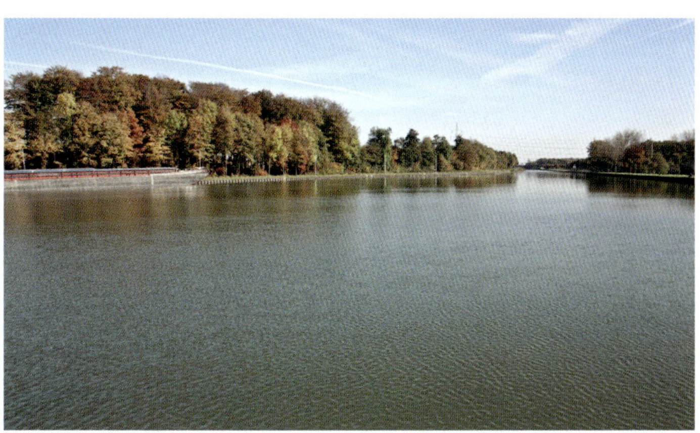

Entlang des Dortmund-Ems-Kanals findet man Entspannung

Stein & Hardenberg erfolgt, und von 1960 an förderte man am zentralen Schacht von Minister Stein; die Großschachtanlage schloss 1987 als letzte Zeche in Dortmund!

Die folgende Brücke, die wir unterqueren, zieht hinüber nach Lindenhorst. Linker Hand taucht bald vor uns das riesige Güterverteilzentrum Ellinghausen mit den Windrädern am Ende auf. Bäuerlich-idyllisch dagegen das Örtchen Holthausen rechts jenseits des Kanals, das sich seine Dorfstruktur bewahrt hat. Dort leben etwa 500 Menschen und annähernd 300 Pferde. Auf Höhe von **Holthausen** passieren wir ein Sicherheitstor des Kanals, das ggf. herabgelassen werden kann und den Kanal abschließt, falls Teilabschnitte zur Reparatur trockengelegt werden müssen oder nach Unfällen der Kanal abgesperrt werden muss.

i

Der Dortmund-Ems-Kanal mit seinen rund 270 km Länge wurde 1899 eröffnet und führt von Dortmund über Münster und Rheine bis nach Meppen im Emsland. Anschließend nutzt die Binnenschifffahrt die dort schiffbare Ems weiter bis zur Nordsee. Den größten Teil seiner Uferbereiche kann man am Kanal zur Naherholung genießen.

Weiter geht es durch die offene Landschaft. Immer wieder schippern dabei Freizeitkapitäne an uns vorbei oder Paddler ziehen des Wegs, aber genauso kommen richtig große Frachter die Wasserstraße entlang, und je nach Jahreszeit sind die schmucken Ausflugsschiffe unterwegs. Auf der anderen Seite sehen wir bei Schwieringhausen den **Hafen Minister Achenbach**. Dort ist nicht mehr viel los, seitdem die Lünener Zeche Minister Achenbach 1992 geschlossen wurde. Danach unter der Autobahn 2 hindurch; es wird aber bald wieder still und es geht vorbei am kleinen Hafen Groppenbruch.

Dort überwindet die Straße Königsheide den Kanal. Wer die Wanderung nun beenden will (nach rund 11 km), geht hier schon hoch zur Straße und gelangt mit dem Bus 472 zum nahen Mengede,

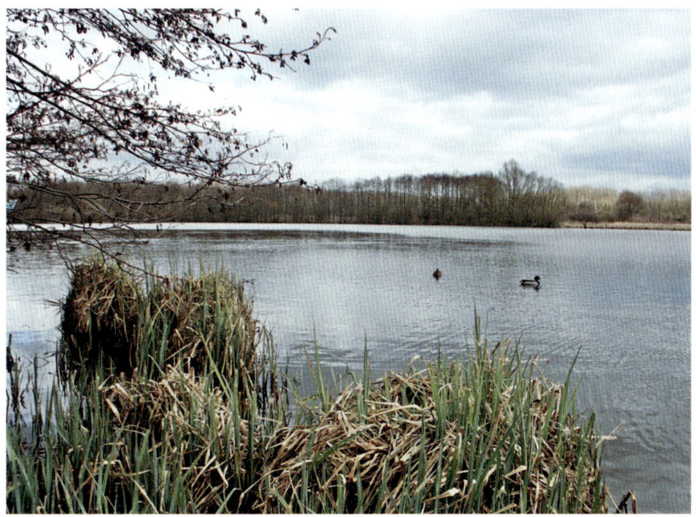

Am Leveringhäuser Vogelteich

wo die S-Bahn Station macht. Nach den wenigen Häusern von Groppenbruch endet Dortmunder Stadtgebiet. Vor uns die nächste Straßenbrücke (Mengeder Straße), kommen wir kurz vorher auf Waltroper Grund. Immer wieder entdeckt man auf beiden Uferseiten kleinere Halden, die auf die Bergbauvergangenheit der Region hinweisen. Doch wirkt das Umland sehr ländlich, wird geprägt von Feldern und Waldstücken, schon an das nahe Münsterland erinnernd. Nach einem leichten Rechtsbogen des Kanals liegen links der Weiler Leveringhausen und die sehenswerte Laurentiuskapelle mit barockem Altar (Abstecher am Kapellenweg). Wenig später wird die Brücke Viktorstraße passiert, hinter der sich der Hafen Waltrop anschließt. Der Kanal beschreibt nun einen Linksbogen und führt bald darauf an einem Campingplatz vorbei. Dort (oder an der Brücke der Ickerner Straße) bietet sich die Gelegenheit, einen Abstecher zum Leveringhäuser Vogelteich zu machen; entstanden durch Bergsenkungen, hat er sich zu einem Paradies für Wasservögel entwickelt und liegt linker Hand rund 300 Meter entfernt. Hinter der folgenden Straßenbrücke begleitet ein Waldstück den Wasserweg, und danach ist die **Oberwieser Brücke** schnell

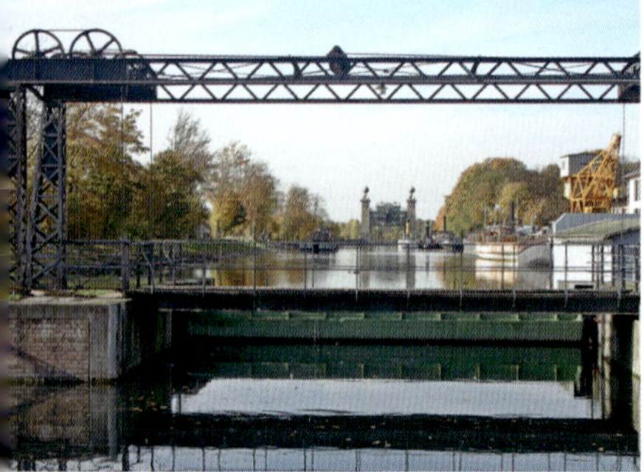

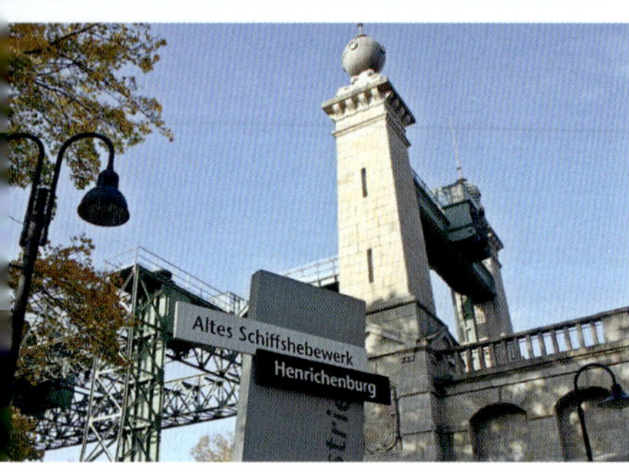

Schleusenpark mit Schiffshebewerk Henrichenburg

erreicht, hinter der man schon Richtung Schleusenpark Waltrop blickt. Zum Schluss vom Uferweg hinab und nach einem Stück Sträßchen rechts (**Am Hebewerk**) in den **Schleusenpark**, der unbedingt zu einer Erkundung einlädt.

i Am Schleusenpark, an dem der Rhein-Herne-Kanal auf den Dortmund-Ems-Kanal trifft, kann man das Heben und Senken der Schiffe an den neuen Schleusen und dem modernen Hebewerk beobachten und die stillgelegten, oft in reizvoller Industriearchitektur errichteten Anlagen am alten Schiffshebewerk Henrichenburg mit dem dort seit 1992 eingerichteten Industriemuseum erkunden. 1899 war das Hebewerk das größte Bauwerk am Kanal und vom Kaiser eingeweiht worden. Am Museumshafen „Oberwasser" oder auf dem Motorgüterschiff „Franz-Christian" erfährt man mehr zur Geschichte der Binnenschifffahrt, und man kann eine Rundfahrt per Ausflugsschiff „Henrichenburg" unternehmen.

In der Saison pendelt an manchen Tagen auch das Fahrgastschiff Santa Monika zwischen Dortmunder Hafen und Hebewerk und lädt zu einer gemütlichen Kanaltour ein (Info unter Tel. 02381/460444 oder www.santamonika.de). Für die Rückfahrt per Bus überschreiten wir mit der **Provinzialstraße** den Rhein-Herne-Kanal, kommen hinein nach Datteln und finden an der Kreuzung mit der Wittener Straße die Bushaltestelle.

Rund um die alte Westfalenhütte

Dortmund ist immer noch im Umbruch. Rund um die alte Westfalenhütte kann man sehen, wie sich Neues entwickelt und gleichzeitig auf Spuren langer Traditionen stoßen, die man auch im Hoesch- oder im Brauerei-Museum verfolgen kann. Seine Wurzeln hat hier ebenfalls der traditionsreiche BVB, der sich in den letzten Jahren ganz prächtig entwickelt hat!

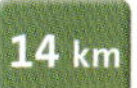

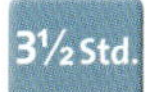

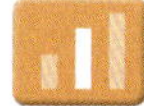
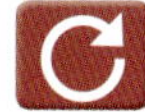

Start u. Ziel:
Borsigplatz

Bus/Bahn:
U 44 bis Haltestelle „Borsigplatz“

Wegbeschaffenheit:
überwiegend Straßen, Gehwege und befestigte Parkwege

Wegbeschreibung

Der **Borsigplatz** mit den sternförmig auf ihn zulaufenden Straßen war Mittelpunkt des Hoesch-Viertels, das in der Gründerzeit um 1872 seinen Anfang nahm. Viele Gebäude stehen heute unter Denkmalschutz. Bis in das 19. Jahrhundert hinein breitete sich rund um den ehemaligen Sedanplatz, wie er vorher hieß, eine sumpfige Graslandschaft aus, bevor die Brüder Hoesch diese zum Standort ihres Eisenhütten- und Stahlwerks machten. Umbenannt in Borsigplatz wurde er dann nach dem Berliner Fabrikanten August Julius Albert Borsig, der sich einige Zeit nach den Hoeschs mit einer Maschinenfabrik hier niederließ. Und noch eine für Dortmund bedeutende Gründung fand 1909 ganz in der Nähe statt: Der BVB wurde aus der Taufe gehoben! So macht der Borsigplatz heute gerade in dieser Hinsicht von sich reden: Wenn es im Verein etwas zu feiern gibt, ist alles in schwarz-gelber Hand.

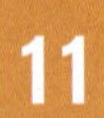

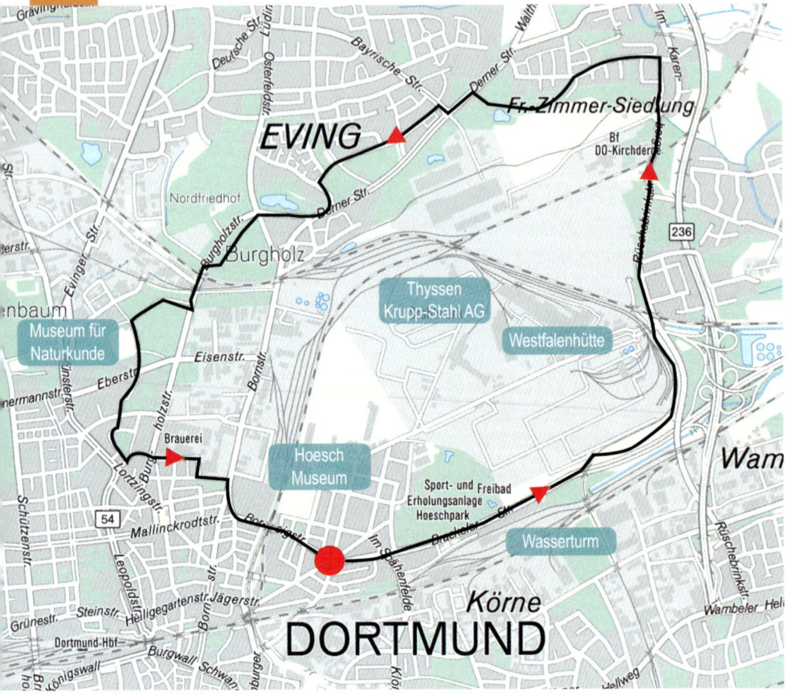

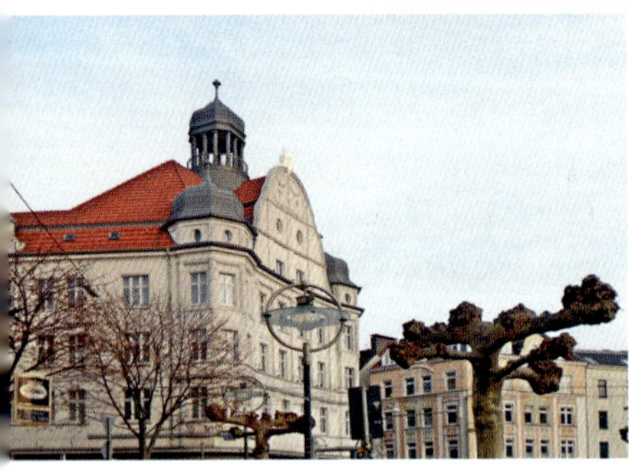

Am Borsigplatz

Welcher Dortmunder wüsste das nicht: Der Borsigplatz ist Kultstätte des Dortmunder Fußballs, denn am 19.12.1909 gründete sich in der Gaststätte „Zum Wildschütz" in der vom Borsigplatz wegziehenden Oesterholzstraße der BVB, der Ballsportverein Borussia. Nicht weit entfernt war damals die Sportanlage „Weiße Wiese", die erste Heimat des BVB, an deren Stelle dann der Hoeschpark entstand, und bis Mitte der 1970er-Jahre fand man auch die BVB-Geschäftsstelle in der Nähe des Borsigplatzes.

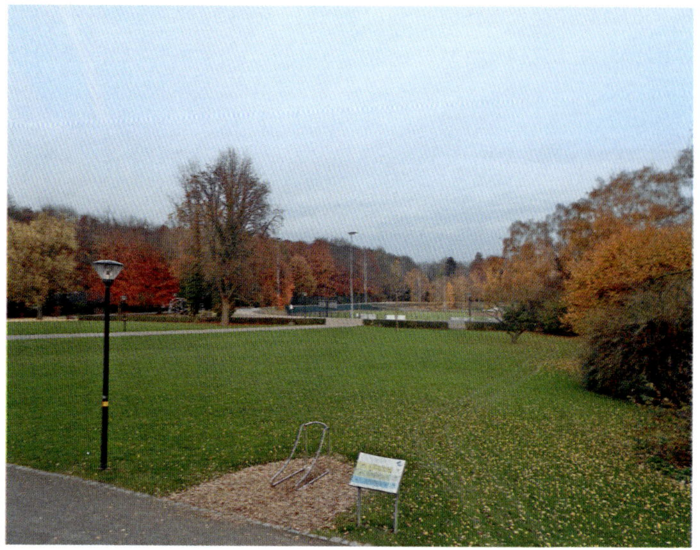

Im Hoeschpark

Wir gehen zu Beginn entlang der **Brackeler Straße** (linke Straßenseite), um wenig später von der **Lünener Straße** aus rechts einen Abstecher in den **Hoeschpark** zu unternehmen und quer hindurch zurück zur **Brackeler Straße** zu gelangen.

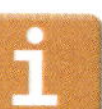

1938 richtete die NS-Organisation „Kraft durch Freude" mit dem Hoeschpark eine Breitensportanlage für die Hoescharbeiter ein. Noch in den 1950er-Jahren wandelte sich der Park inklusive einer Radrennbahn hin zum Naherholungsraum. Damals wurde außerdem das Freibad Stockheide errichtet, an dessen Eingang eine Tafel an die „Weiße Wiese" erinnert, und auch heute noch eröffnet der BVB die Saison dort, wo sie einst lag. Mitte der 1990er-Jahre übernahm die Stadt von Krupp-Hoesch die Anlage.

Anschließend weiter der **Brackeler Straße** entlang auf dem Rad- und Fußweg, passieren wir linker Hand das Freibad Stockheide und kommen an den Rand des ausgedehnten Werksgeländes der ehemaligen **Westfalenhütte** – so groß, dass es ein eigener Stadtteil sein könnte. Bald geht es entlang der stillgelegten Güterbahn, dabei ein wenig weg von der Brackeler Straße. Auf dem Gelände hat sich neues Gewerbe niedergelassen, u. a. ein Logistikzentrum. Wir folgen im großen Linksbogen sowohl dem Trassen- als auch dem Straßenverlauf (**Brackeler, dann Rüschebrinkstraße**) Richtung Norden zum Stadtteil Kirchderne.

i Mit der Gründung der Westfalenhütte wurde 1871 zugleich der Grundstein des späteren Hoesch-Konzerns gelegt, der zu einem Teil Dortmunder Geschichte werden sollte. Damals konnte nach Werkseröffnung eine 320-köpfige Belegschaft den Betrieb aufnehmen, und gut zwanzig Jahre später hatte es sich 1895 zu einem Großunternehmen mit eigenen Zechen und Hochöfen entwickelt. Die Hoesch-Westfalenhütte beschäftigte in den 1950er-Jahren mehr als 40.000, in den 1960er-Jahren noch bis zu 25.000 Menschen und prägte das Lebensgefühl gleich mehrerer Generationen einer Familie, die - ähnlich wie bei Krupp in Essen - nach oft jahrzehntelanger Werkszugehörigkeit echte Hoeschianer waren. 1992 wurde die Hoesch AG von Krupp übernommen, und seit der Fusion von Krupp-Hoesch und Thyssen zur Thyssen-Krupp AG im Jahr 2000 ist der Firmenname Hoesch Vergangenheit. Noch etwa 1.000 Menschen sind heute hier bei Thyssen-Krupp rund um die Produktion hoch spezialisierten Stahls beschäftigt.

Kleine Grünanlagen liegen jetzt an unserem Weg hinüber nach Kirchderne. Wir kreuzen die Regionalbahnlinie und kommen wenig später geradeaus mit der Straße **An der Hordelwiese** in die Wohnbebauung. Links einbiegend mit dem **Merckenbuschweg** durch die **Franz-Zimmer-Siedlung**, die abgeschirmt durch einen Streifen Wald am Nordrand des Industriegeländes errichtet wurde.

i Beim Wiederaufbau erhielt Kirchderne 1954 am Merckenbuschweg eine Grund- und Hauptschule und die wegen der Bevölkerungsentwicklung wichtige Franz-Zimmer-Siedlung. Der einst ländliche Ort lag mit Entstehen der Montanindustrie im Schatten der Westfalenhütte. 1928 wurde Kirchderne nach Dortmund eingemeindet und hat heute knapp 4.000 Einwohner. Im Ortskern findet sich die historische Dionysiuskirche, die erstmals 1032 urkundlich erwähnt wurde.

Am Abzweig Im Wiesenkamp noch vorbei, schwenken wir danach links ein, gelangen fast sofort in den Wald und mit dem Fußweg zur **Derner Straße**, die als Umgehungsstraße am Rand von Eving verläuft. Hier links und an der nächsten Möglichkeit rechts (**Bayrische Straße**). Kurz darauf wieder links in die **Innsbruckstraße** (wer mag, spaziert parallel durch die benachbarte Schrebergartenkolonie) bis zur Straße **Bauernkamp**. Gleich gegenüber in die Kleingartenanlage „Zur Erholung“, weiter zur **Oberevinger** und dort links noch einmal zur **Derner Straße**. Nun rechts und bei erster Möglichkeit erneut rechts in die Straße **An den Teichen** abbiegen. So kommen wir zur Ecke **Osterfeldstraße/Burgholzstraße**. Von der Burgholzstraße geht parallel zur Osterfeldstraße ein Fußweg rechts hinüber zum Nordfriedhof ab, hinter dem am Gewerbepark Minister Stein der gewaltige Hammerkopf-Förderturm an die ehemalige Zeche erinnert. Wir aber biegen von der Burgholzstraße gleich links in das Wäldchen ein und kommen zum Schluss rechts wieder zurück zur Straße. Hier durch die zwei Bahnunterführungen und kurz weiter geradeaus der Burgholzstraße nach. Linker Hand breitet sich das Gewerbegebiet Bornstraße West aus, auf dem vormals die **Zeche Kaiserstuhl** lag. Hoesch kaufte diese 1899, um die Produktion vom Rohstoff bis zum Fertigprodukt unter ein Dach zu bekommen.

Interessant ist auch, dass die Zeche Kaiserstuhl I (West) an der Bornstraße von 1885 bis 1925 eine Kokerei betrieb mit der weltweit ersten Benzolfabrik (ab 1888). Von 1955 an wurde die Förderung nach Kaiserstuhl II (Ost) verlegt, die auf dem Hoesch-Hüttengelände von 1895 an noch bis 1966 arbeitete. 1895 wurde auch die erste Kokerei errichtet, die später von einer neuen ersetzt wurde. Die modernste Kokerei der Welt, Kaiserstuhl III (1992 bis 2000 in Betrieb), verkaufte man 2003 nach China.

An der **Burgholzstraße** liegt rechter Hand die Kleingartenanlage Fredenbaum, in die wir nun einbiegen. An der Wegekreuzung (nach 500 m) links, jetzt durch die Parkanlage, in der auch das Naturkundemuseum zu finden ist, zur **Eberstraße** unweit des Schützenheims. Gegenüber passieren wir geradeaus das Altenheim und die Schulsportanlagen der Anne-Frank-Gesamtschule und kreuzen danach die Gut-Heil-Straße. Weiterhin der **Magdeburger Straße** nach, halten wir uns am Ende rechts und kommen mit der **Schumannstraße** im Bogen an einem weiteren Sportplatz vorbei zur **Carl-Holtschneider-Straße**. Sie bringt uns links zur **Burgholzstraße** zurück, an der es gegenüber direkt in die **Steigerstraße** geht. Auf lange Dortmunder Tradition stoßen wir hier mit der DAB-Brauerei und dem **Brauereimuseum**, denn die Stadt war in den 1950er- bis 1970er-Jahren die Bierbrauermetropole Europas. Damals konnte man allein im engeren Stadtgebiet mehr als 30 Brauereien finden. In der DAB-Brauerei werden die ehemals eigenständigen Traditionsmarken DAB, HANSA, KRONEN und THIER gebraut.

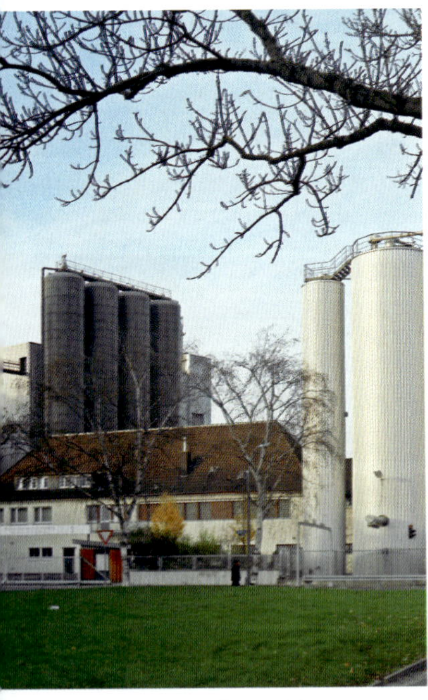

Blick auf die Dortmunder Actien-Brauerei

Bereits im 13. Jahrhundert wurde der Stadt das Braurecht verliehen. Das Brauereimuseum von 1982 hat seit 2006 seinen Platz in der ehemaligen HANSA-Brauerei, die hier von 1902 an produzierte und 1971 von der Dortmunder Actien-Brauerei DAB übernommen wurde. Als die Nachfrage schließlich deutlich in den Keller ging, musste manches Brauhaus dichtmachen, während andere fusionierten. Erst 2005 endete dieser lang anhaltende Prozess mit dem Ergebnis, dass die Radeberger-Gruppe (des Oetker-Konzerns) sämtliche verbliebenen Brauereien übernahm. Mit heute rund 2,3 Mio. Hektolitern jährlich steht Dortmund aber immer noch ganz oben in der Reihe der deutschen Bierstädte.

Von der **Steigerstraße** über die **Bergmannstraße** zur großen **Bornstraße.** Erst rechts, dann links in die **Borsigstraße**, die uns zurück zum **Borsigplatz** leitet. Von dort könnte man über die **Oesterholzstraße** noch einen Abstecher zum **Hoesch-Museum** an der Eberhardstraße machen. Seit 2005 ist es im früheren Torhaus I der Hoesch-Hauptverwaltung und zeigt in einer Dauerausstellung die Geschichte von Eisen und Stahl in Dortmund.

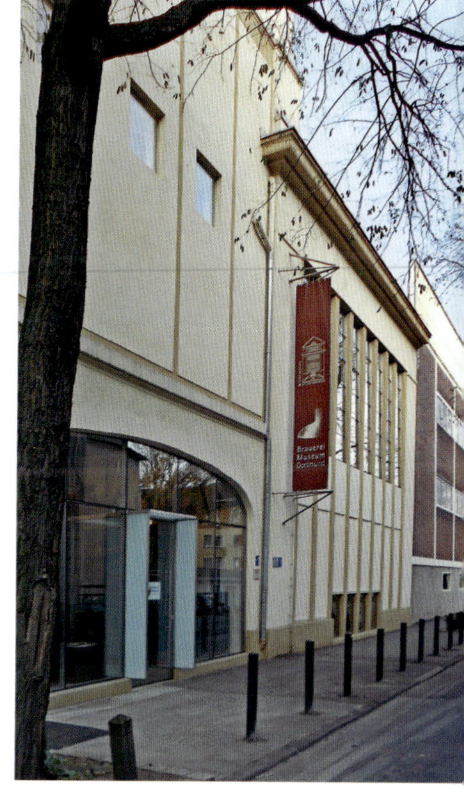

Das Brauereimuseum gleich neben der Actien-Brauerei

Von Sölde nach Hörde

Eine Wanderung entlang der noch jungen Emscher mit vielen interessanten Wegpunkten. Vom ländlich gelegenen Sölde geht es nach Alt-Aplerbeck mit der Georgkirche und dem barocken Haus Rodenberg. Eine echte Attraktion folgt dann mit dem Phoenix-See, wo auch die geschichtsträchtige Hörder Burg steht.

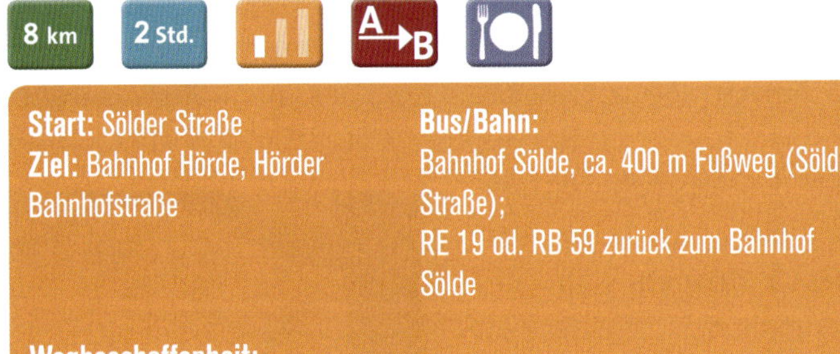

Start: Sölder Straße
Ziel: Bahnhof Hörde, Hörder Bahnhofstraße

Bus/Bahn:
Bahnhof Sölde, ca. 400 m Fußweg (Sölder Straße);
RE 19 od. RB 59 zurück zum Bahnhof Sölde

Wegbeschaffenheit:
befestigte Wege und Straßen; für Kinder geeignet

Wegbeschreibung

An der **Sölder Straße** gelangt man, wenn man vom Bahnhof kommt, links einbiegend in einen Parkweg, der links neben der **Emscher** verläuft. Wir wandern nun auf einem Abschnitt des „Emscherwegs" („EW"), der den Fluss vom Quellhof bis zum Rhein begleitet. Die kleine Emscher verlief zuvor in Sölde unterirdisch und tritt nun wieder zutage.

i Sölde grenzt an Holzwickede, und von dort kommt auch die Emscher, die im rund 4,5 Kilometer entfernten alten Lünschermannshof ihren Quellteich hat. Hier noch ein Bach, wird sie dann aber bis zur Mündung in den Rhein bei Dinslaken über 80 Kilometer zurückgelegt haben, davon 25 in Dortmund. Castrop-Rauxel, Recklinghausen, Herten, Herne, Gelsenkirchen, Essen,

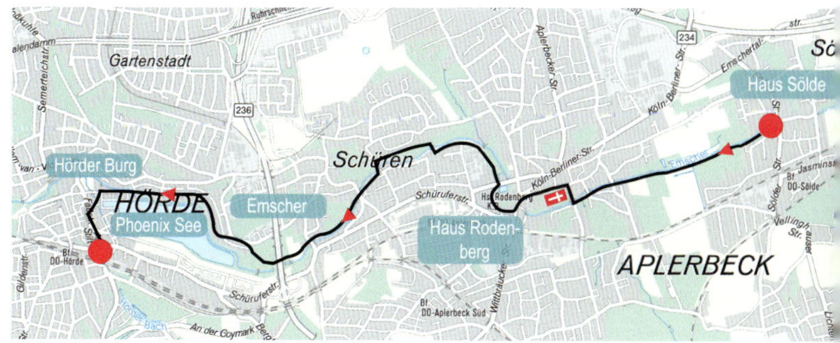

Bottrop und Duisburg liegen auf ihrem Weg, bevor sie bei Dinslaken-Eppinghoven in den Rhein mündet.

Es geht der kleinen Emscher nach durch einen Parkstreifen noch am Rand der Bebauung von Sölde. Mal mit Blick über die Felder, mal von Buschwerk gesäumt kommen wir nach **Aplerbeck** und kreuzen eine Straße. Noch bleiben wir ein Stück bei der Emscher, spazieren an der Albrecht-Dürer-Realschule vorbei und biegen dann aber rechts in die Straße (**Schweizer Allee**) ein, während das entstehende Flüsschen geradewegs am Schulzentrum entlangzieht, um danach unterirdisch Aplerbeck-Mitte zu passieren.

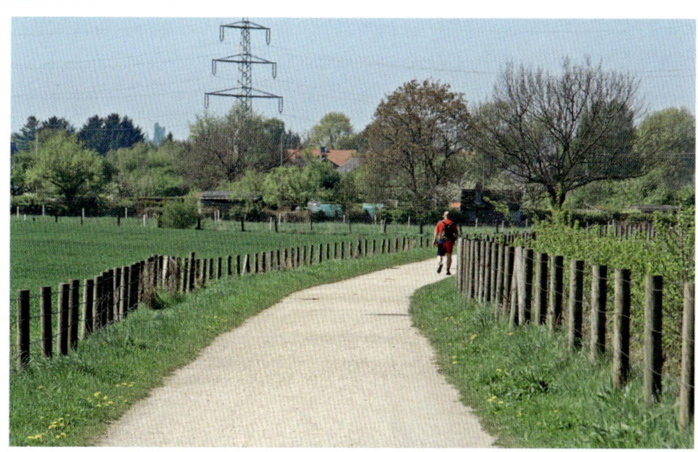

Auf dem Emscherweg bei Sölde

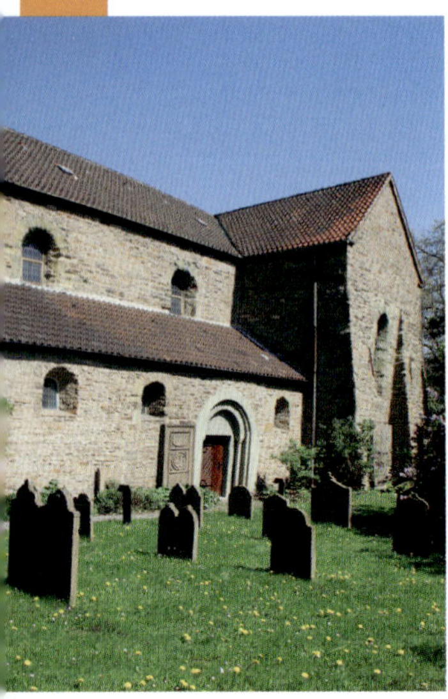

Die St. Georgkirche

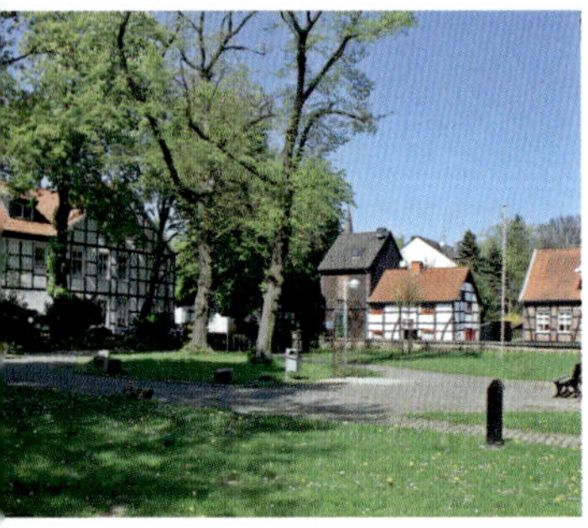

Rund um die Kirche in Alt-Aplerbeck

Die Emscher steht für ein Stück Industriegeschichte: Weil im nördlichen Ruhrgebiet die Abwässer wegen Bergsenkungen nicht unter der Erde in Rohren abgeleitet werden konnten, betonierte man den Fluss und etliche seiner Zuflüsse zu einem offenen Abwasserkanalsystem aus mit dem Ziel, die hygienischen Verhältnisse zu verbessern. Um die Mitte des 20. Jahrhunderts galt die Emscher noch immer als schmutzigster Fluss Deutschlands, doch schon seit 1994 ist man nun dabei, ihn samt seiner Zuflüsse zu renaturieren. Das zentrale Bauvorhaben bildet dabei der Emscherkanal. Er wird das Abwasser zu den Kläranlagen ableiten und soll bis 2017 fertig sein. Daran anschließend kann die Emscher in weiteren Bereichen naturnah umgestaltet werden.

Wir gelangen von der **Schweizer Allee** links in die **Ruinenstraße** und nach Alt-Aplerbeck. Hier steht an einem verträumten Platz die schöne alte St. Georgkirche aus Bruchstein. Die kleine romanische Kreuzbasilika (12. Jh.) wurde wegen der anwachsenden Gemeinde durch eine größere Kirche an der Märtmannstraße ersetzt und verfiel. 1926 baute man sie wieder auf, doch erst nach der Restaurierung (1961 bis 1963) fand sie zu ihrer Bestimmung als Gotteshaus zurück. Anschließend über die **Köln-Berliner-Straße** ins Zentrum von **Aplerbeck**.

Den Mittelpunkt des Stadtteils Aplerbeck bildet der Marktplatz mit dem alten Rathaus und dem nahen Haus Rodenberg – dem Wahrzeichen Aplerbecks. Seit 2001 ist die Einkaufsstraße in diesem Bereich verkehrsberuhigte Zone, ein Riesenpluspunkt für den Ortskern. Jedes Jahr wird hier das Apfelfest gefeiert, geht doch der Ortsname zurück auf Afal/Apfel und Bechi/Bach. Vielleicht auch weil die Aplerbecker Zeche Schürbank & Charlottenburg (an der Schürbankstraße) schon 1925 geschlossen wurde, gilt Aplerbeck als Stadtteil im Grünen.

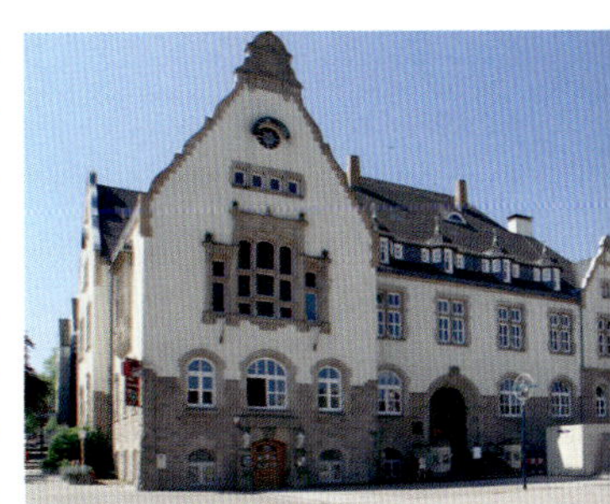

Rathaus in Aplerbeck

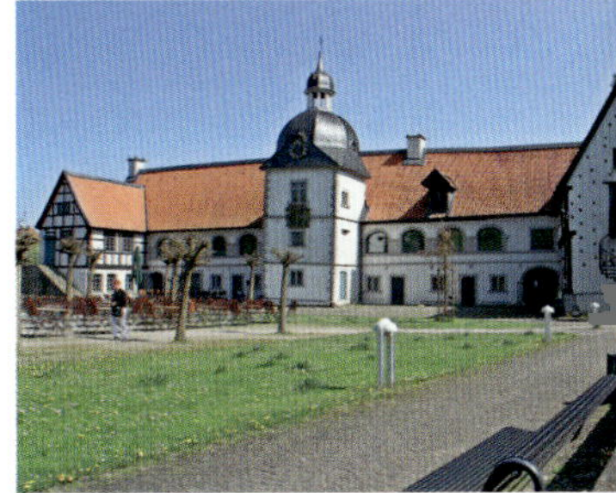

Haus Rodenberg

Auf dem Marktplatz mit dem stilvollen alten Rathaus halten wir uns rechts und kommen direkt zum **Haus Rodenberg**.

Von dem einstigen Wasserschloss sind nur wenige Wirtschaftsgebäude erhalten, doch auch so ist die gepflegte barocke Anlage, die von der Stadt Dortmund bis 1996 grundlegend restauriert wurde, wirklich sehenswert. Zusammen mit dem umliegenden Park bietet das Haus mit Restaurant und Biergarten ein besonders schönes Ambiente direkt am Wasser. Im Obergeschoss ist die Volkshochschule eingezogen.

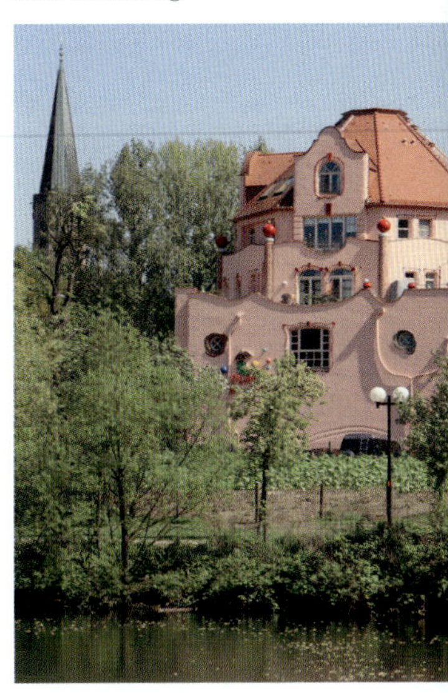

Interessante Architektur bei Haus Rodenberg

Danach wird die stark befahrene **Rodenbergstraße** überquert und dahinter geht's wieder der Emscher entlang durch die Grünanlage, jenseits der das neue Rodenbergcenter, ein Gewerbepark, liegt. Der „Emscherweg" leitet uns nun meist direkt am Fluss entlang, mal die Seite wechselnd und vorbei an Schüren, bis wir die Bundesstraße unterqueren. Jetzt ist es nicht mehr weit zum **Phoenix-See**.

i

Als 2001 Dortmunds letzter Hochofen im Phoenix Werk Ost der Thyssen-Krupp Stahl AG stillgelegt wurde, gab es mitten in der Stadt eine riesige Industriebrache, und noch einmal wurde deutlich, dass der Strukturwandel längst nicht abgeschlossen ist. In einer gewaltigen jahrelangen Umgestaltungsaktion (2006 begannen die Aushubarbeiten) ist es inzwischen gelungen, Dortmund hier ein völlig neues Gesicht zu geben: Auf Phoenix Ost erstreckt sich, 2010 durch ein Volksfest eingeläutet, nach seiner Flutung der rund 24 ha große Phoenix-See. Er dient einerseits als Regenrückhaltebecken und bietet somit Schutz vor Überflutungen, zum anderen ist er seit 2011 Naherholungsraum, und seit April 2012 kann man sogar Wassersport mit kleinen Segelbooten und motorlosen Booten betreiben.

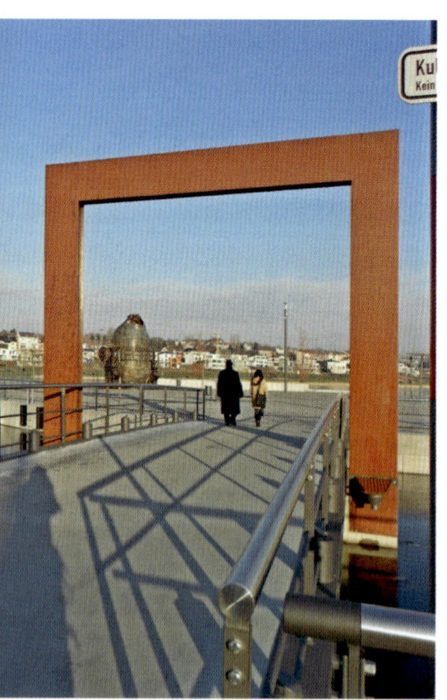

Neues Highlight: Der Phoenix-See

Ein kleiner Aussichtshügel lädt gleich zu Beginn dazu ein, das Ganze von weiter oben zu begutachten. Es erscheint fast irreal für diejenigen, die das alles noch aus der Zeit kennen, als hier das riesige Stahlwerksareal lag. Wo zuvor sehr schwer gearbeitet wurde, ist nun eine Freizeitoase entstanden, und etliche neue Wohnungen, davon meist Eigenheime, sollen noch entstehen. Wir schlendern den Panoramawegen nach, weiterhin begleitet von der Emscher, die hier schon seit Dezember 2009 ihr sauberes Wasser durch ein renaturiertes, neues Flussbett inmitten einer breiten Aue schicken darf, nachdem sie zuvor über 100 Jahre lang unterirdisch in Rohre gezwängt unterhalb der Hermannshütte verlief. Und jenseits der Emscher schwappt das klare Wasser des Phoenix-Sees ans Ufer. So geht es hinüber nach Hörde mit der **Hörder Burg**.

Die Burg repräsentiert ganz unterschiedliche Epochen des Ruhrgebiets. Historisch bedeutsam ist der noch erhaltene Burgturm der einstigen Wasserburg des 12. Jahrhunderts. Der Stammsitz der Adelsfamilie Hörde diente den Grafen von der Mark während der „Großen Dortmunder Fehde" (1388/89) als Stützpunkt und konnte von den Dortmundern trotz gewonnener Auseinandersetzung nicht eingenommen werden. Mitte des 19. Jahrhunderts erwarb der Unternehmer Hermann Dietrich Piepenstock aus Iserlohn Grundstück und Burg und legte 1841 mit der „Hermannshütte" den ersten Grundstein für die Dortmunder Montanindustrie. 1922 erst entstand die Vorburg im Stil des Historismus, in der die Verwaltung des Stahlwerks ihren Platz hatte. Heute steht die Hörder Burg unter Denkmalschutz, ist vorbildlich saniert und gewinnt durch ihre Lage beim Phoenix-See noch einmal ganz neue Aufmerksamkeit. Der Heimatverein Hörde hat zudem ein kleines Museum eingerichtet (siehe auch Tour 13).

Anschließend überqueren wir die **Faßstraße** und spazieren durch die **Fußgängerzone** von Hörde zum nahen Bahnhof.

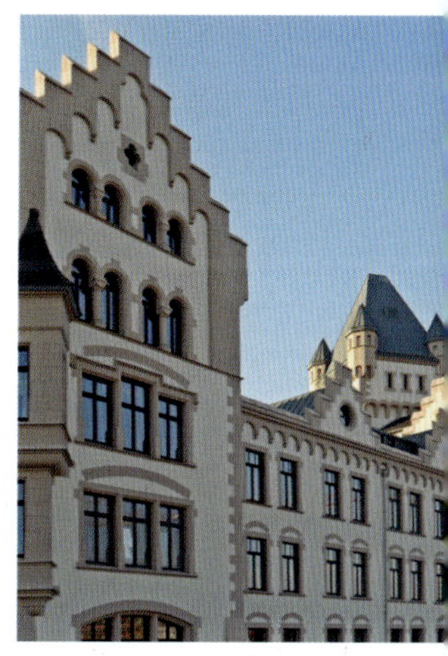

Die Hörder Burg

Mit der Emscher nach Dorstfeld

Wir folgen der Emscher diesmal von Hörde nach Dorstfeld und entdecken dabei wichtige Ankerpunkte Dortmunds. Ausgangspunkt ist die Hörder Burg, anschließend liegen der Phoenix-See, der Westfalenpark und das neue Phoenix West am Weg, und auch Westfalenstadion und Uni prägen den Blick bei dieser Flusswanderung.

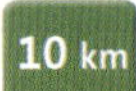

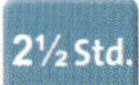

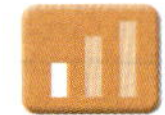
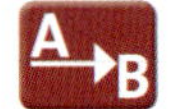

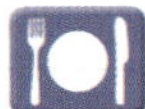

Start: Bahnhof Hörde, Hörder Bahnhofstraße
Ziel: Bahnhof Dorstfeld

Bus/Bahn:
mehrere Busse, U 41 oder Regionalbahnen zum Bahnhof/U-Bahnhof Hörde;
RB 52 od. 53 oder RE 57 od. 59 zum Bahnhof Hörde

Wegbeschaffenheit:
Wege und Straßen; für Kinder geeignet

Wegbeschreibung

Vom **Bahnhof** zunächst durch die **Fußgängerzone** hinüber zur **Hörder Burg**. Sie wird seit einiger Zeit saniert, hat sogar wieder eine Turmspitze bekommen. Anschließend spazieren wir weiter zum **Phoenix-See**, der zum absoluten Anziehungspunkt geworden ist. Die Aushubarbeiten begannen im September 2006, mit der Flutung konnte man im Oktober 2010 loslegen, und im Mai 2011 wurde der Seeuferbereich für die Öffentlichkeit freigegeben. Seit April 2012 ist auch eine wassersportliche Nutzung durch kleinere Segelboote und motorlose Sportboote möglich. Baden allerdings darf man nicht, obwohl die Wasserqualität recht gut ist. Seit 2011 werden die Ufergrundstücke nach und nach für eine Wohnbebauung genutzt. Noch bis vor wenigen

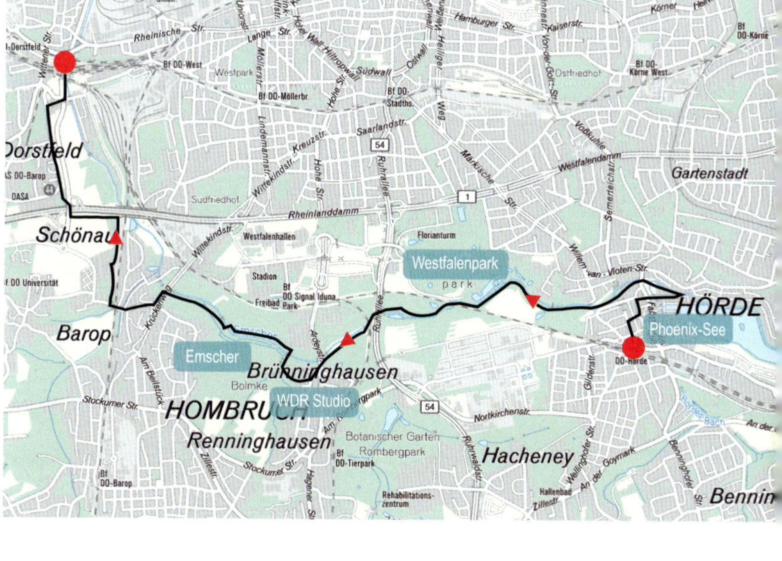

Jahren prägte im weiten Umfeld das sich rechts und links von Hörde ausdehnende **Phoenix-Werk** der Thyssen-Krupp Stahl AG das Stadtbild, an das noch einige wenige eindrucksvolle Relikte erinnern.

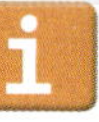

Mitte des 19. Jahrhunderts sollte auf der Hörder Burg Industriegeschichte geschrieben werden: Der Unternehmer Hermann Dietrich Piepenstock kaufte die Burg samt umliegendem Gelände und ließ 1841 die „Hermannshütte" errichten, auf der 1854 mit dem Bau eines modernen Hochofens die Geburtsstunde der Dortmunder Montanindustrie schlug. Mit der Umwandlung der Hermannshütte fand zudem 1852 die erste Gründung einer Aktiengesellschaft im Hüttenwesen des Ruhrgebiets statt (später erfolgte der Verbund mit der Hoesch AG, ab 1992 Krupp-Hoesch, dann Thyssen-Krupp). Von 1906 an war die Burg Verwaltungssitz des Montankonzerns, bis dieser 1922 nach Düsseldorf umzog. Im selben Jahr bekam die Hörde eine Vorburg im Stil des Historismus für die Werksverwaltung, der Erweiterungsbauten folgten (siehe auch Tour 12).

Am Phoenix-See überqueren wir die neu eingebettete **Emscher**, die zuvor über 100 Jahre unterirdisch unterhalb der Hermannshütte verlief, und schließen uns links haltend dem beschilderten „Emscherweg“ fast durchgehend bis nach Dorstfeld an. Er führt uns im Bogen um das nördliche Hörde herum - auch auf der Trasse der ehemaligen Werksbahn. Etwa 600 Meter verläuft die Emscher an dieser Stelle noch einmal unterirdisch, bis sie jenseits der Straße In der Kluse wieder hervorkommt. Wir bleiben mit dem „Emscherweg“ am Fluss und folgen seinem nächsten kleinen Bogen.

i

Sie war lange die „Putzfrau des Ruhrgebiets“: die Emscher. Als der nach Norden vordringende Bergbau die Emscherregion erreichte, kam es durch Bergsenkungen immer häufiger zu Überschwemmungen, neu entstehenden Feuchtgebieten und damit einhergehenden Cholera- und Typhus-Erkrankungen. Um dem entgegenzuwirken, baute die 1899 gegründete Emschergenossenschaft den Fluss zu einem offenen betonierten Abwasserkanalsystem aus, so dass er zu einer Kloake verkam. Inzwischen leitet man das Abwasser in unterirdische Kanäle, und der Rückbau der Betonrinnen ist im Gange, so dass die Emscher immer mehr zum renaturierten Fluss wird - zu sehen bereits u. a. im Naturschutzgebiet Bolmke und am Phoenix-See.

Jenseits der Emscher liegt jetzt der Westfalenpark, der schon dreimal eine Bundesgartenschau ausgerichtet hat: 1959 bei seiner Gründung, 1969 und 1971; mittendrin der Fernsehturm „Florian“ mit seinen 220 Metern. Wir kommen Nähe Südeingang vorbei, an dem der traditionsreiche Buschmühlenpark mit Ruderteich zu finden ist; er wurde später dem Westfalenpark angeschlossen. An der Buschmühle ist auch das Deutsche Kochbuchmuseum ansässig. So gelangen wir zur Unterführung der Bahn und dahinter in den **Steinklippenweg,** der an einem kleinen Vogelschutzgehölz mit Teich und bald darauf vorbei am Zugang zum Radtrainingsgelände führt. Linker Hand nun die Emscher,

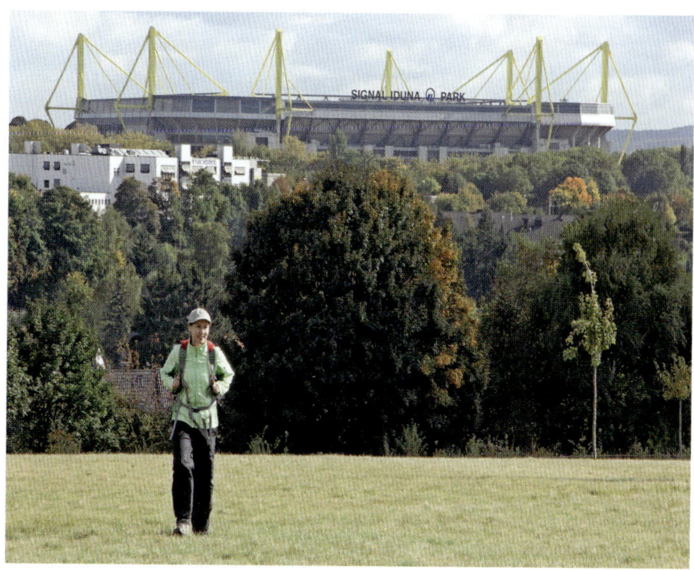

Beste Sicht auf den Signal Iduna Park

die hier am jungen Phoenixpark vorbeikommt; er bildet quasi eine grüne Trasse zwischen Westfalenpark und Rombergpark und entstand am neuen Technologiepark Phoenix West, angelegt auf dem riesigen Areal des früheren Stahlwerks Phoenix West, das 1998 vollständig stillgelegt wurde. Ganze Straßenzüge entstehen inzwischen dort neu rund um die als Industriedenkmäler verbliebenen Hochöfen.

An der Ruhrallee (B 54) taucht die Emscher wieder ab, und auch wir nutzen, stets dem „Emscher-

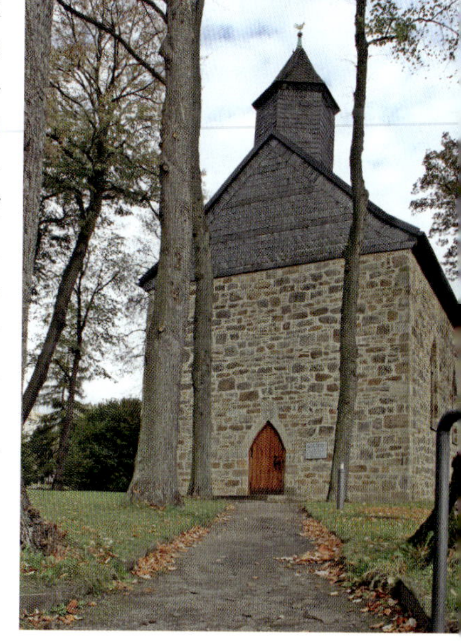

Margarethenkapelle in Klein-Barop

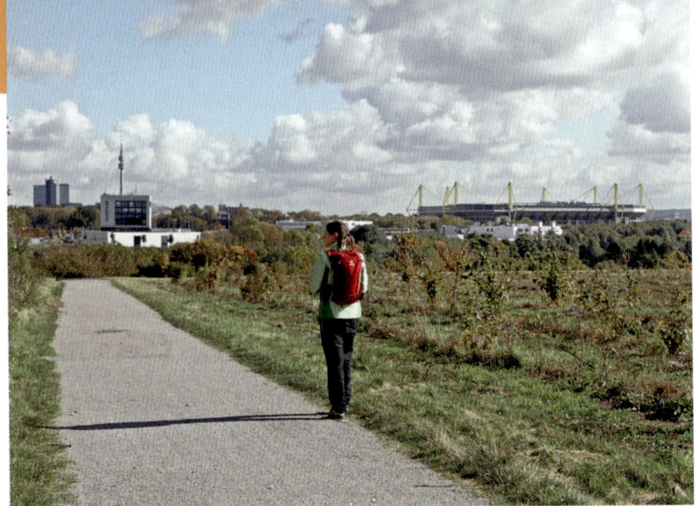

Herrliche Aussichten auf Florian und Stadion von Barop aus

weg" nach, zwei Unterführungen. Danach am Kleingartenverein „Am Segen" zurück zum Fluss. Hinter der **Ardeystraße** passieren wir bei Brünninghausen das WDR-Studio, kommen in das **Naturschutzgebiet Bolmke** und gleich wieder rechts aus dem Wald heraus, um nun den Fluss zu überqueren. Anschließend links einbiegend, wandern wir wie zuvor der Emscher entlang; dabei sind wir nun auf gleicher Höhe mit dem ehemaligen Westfalenstadion, das seit 2006 Signal Iduna Park heißt und direkt hinter der Kleingartenanlage und der Bahnlinie rechter Hand zu finden ist. Weiter dem Fluss nach, dabei erneut an Kleingärten entlang, dann führt uns der Weg aus dem Emschertal heraus. Bei Schönau unterqueren wir den mehrspurigen Krückenweg und folgen der Beschilderung des „Emscherwegs" auf der Straße **An der Palmweide** durch die Siedlung und die anschließende Bahnunterführung. Ginge man dann noch ein Stück weiter geradeaus, käme man zur sehenswerten alten Kapelle in Klein-Barop.

Wir biegen aber – ohne unsere Markierung – gleich nach der **Unterführung** rechts ein und wandern geradeaus immer an Kleingärten entlang (man kann rechts oder links entlang), hinter denen linker Hand Studentenwohnheime stehen. So geht es hinüber zum **Rheinlanddamm**, der A40, und uns links

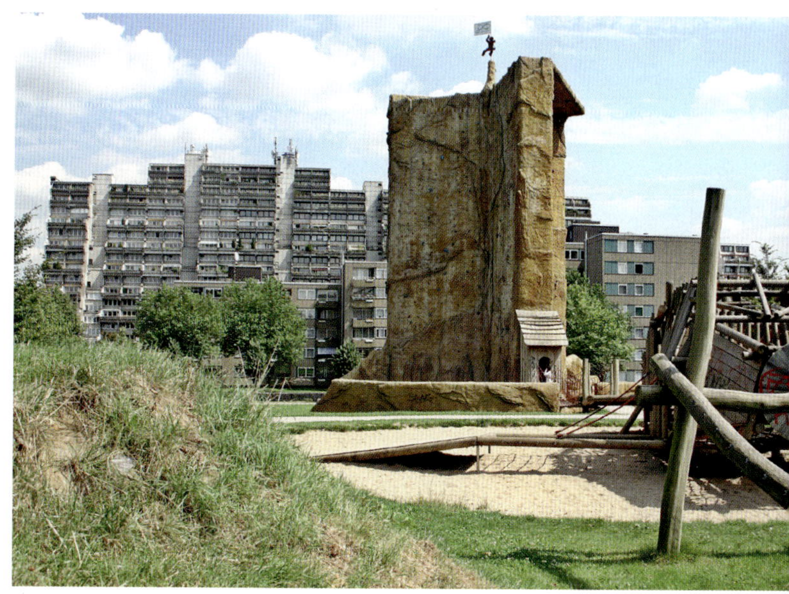

Ganz schön hoch: der Kletterturm in Dorstfeld

haltend hinauf zum Zubringer. Nach dem Neubau des Autobahnzubringers wurde hier bei Schönau der von der Emscher hinaufziehende Bereich ganz neu gestaltet und bepflanzt. Besonders beeindruckend ist von dieser Seite der Blick hinüber zum markanten Signal Iduna Park (Westfalenstadion) und zum „Florian", während auf der entgegengesetzten Seite der Campus Nord der Uni auch schon recht nah ist. Haben wir dann mit dem ruhigen Zubringer die Autobahn überquert, stoßen wir wenig später auf den **Friedrich-Henkel-Weg**; linker Hand findet man dort die DASA, die interessante Deutsche Arbeitsschutzausstellung. Wir biegen rechts ein, um wieder gut geleitet vom „Emscherweg" bald darauf zum Bahnhof Dorstfeld zu kommen. Der wichtige Verkehrsknotenpunkt, wo sich die Emscher, einige Straßen und mehrere Bahnlinien treffen, war eine straßenbautechnisch schwierige Aufgabe, die in den 1980er-Jahren gelöst wurde.

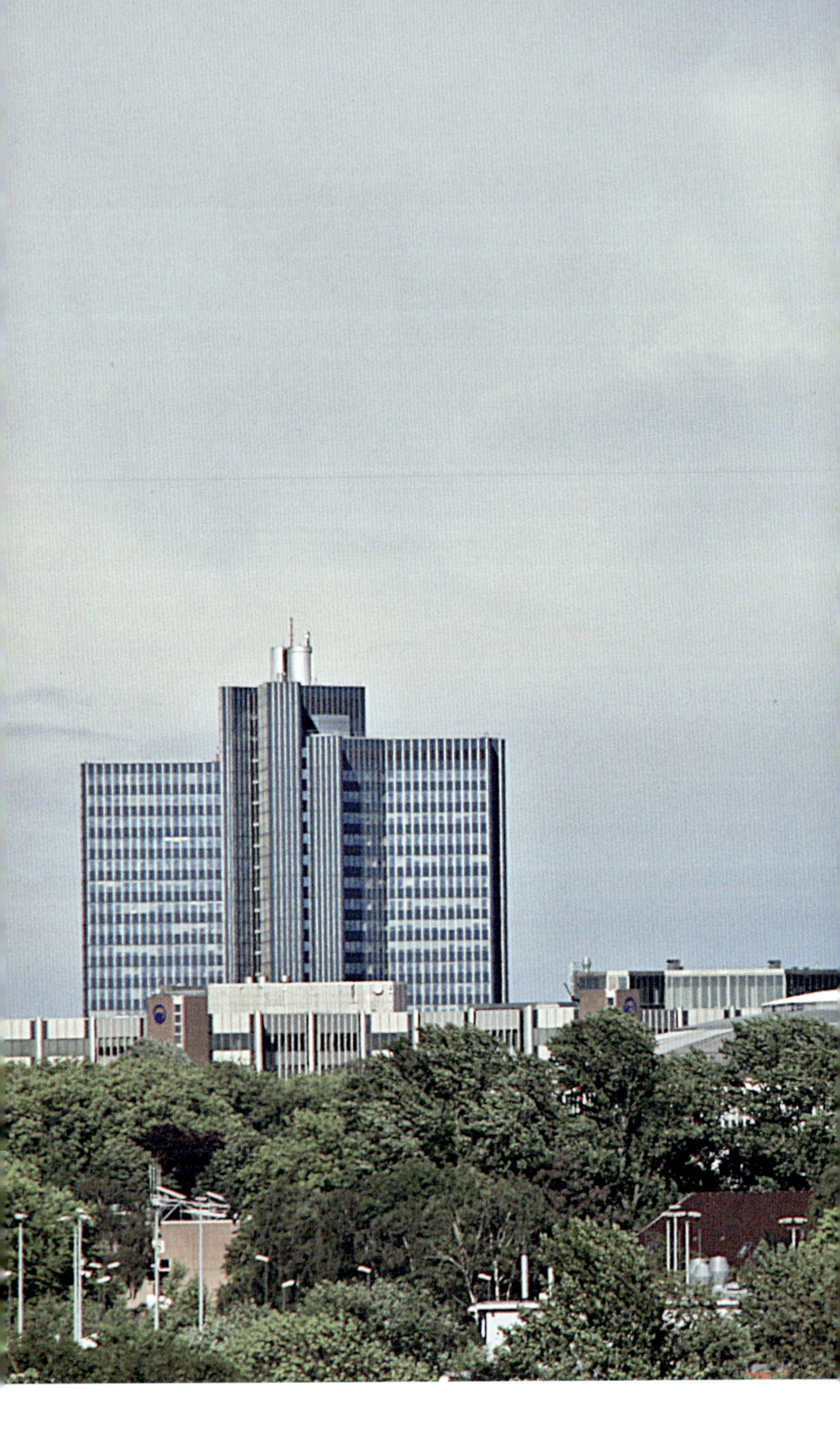

Besuchertouren

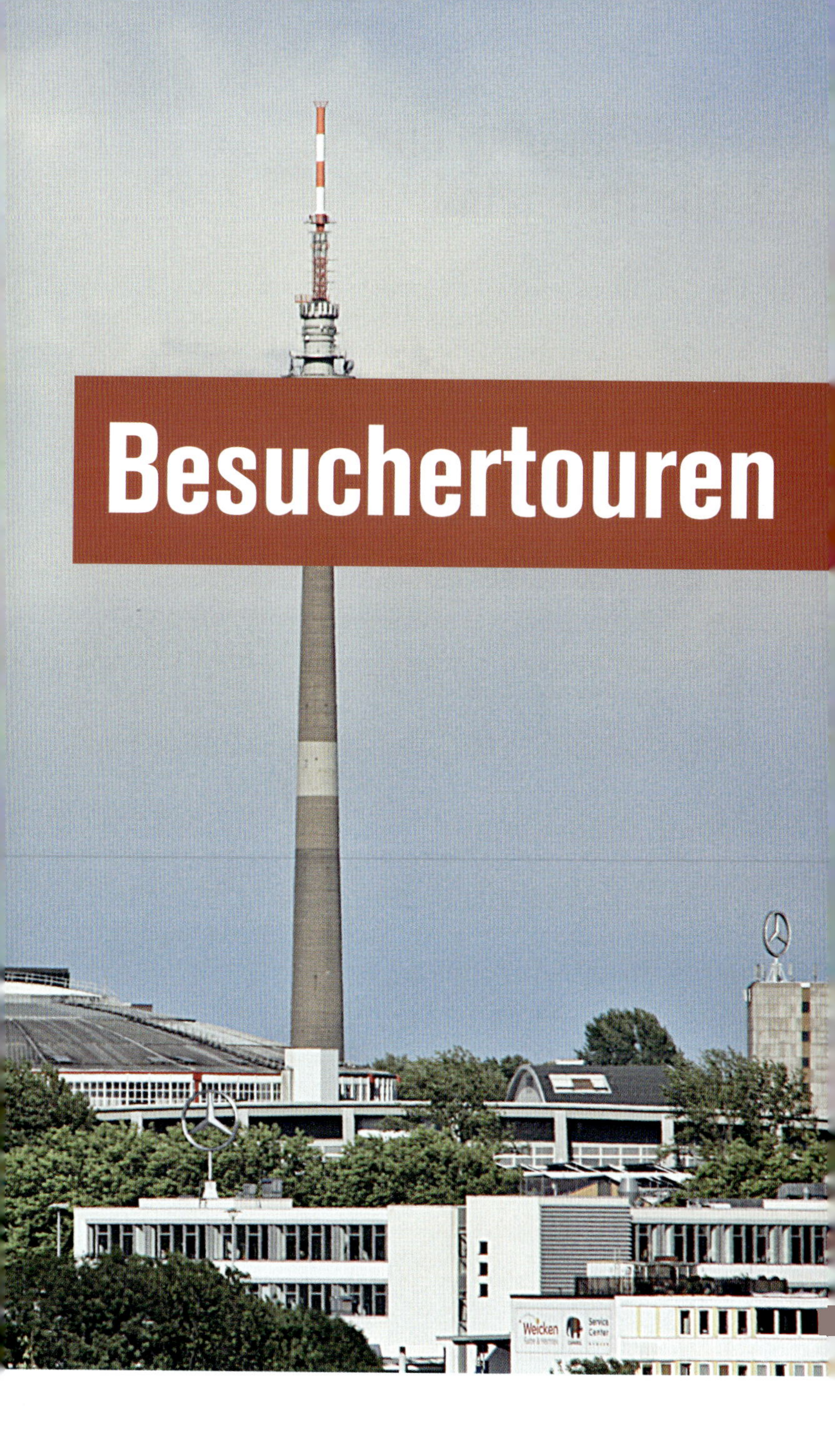

Spaziergang durch die Innenstadt

Über 1100 Jahre reicht Dortmunds Geschichte zurück. Vieles zerstörte der Zweite Weltkrieg, und so findet man heute eine kontrastreiche Mischung aus noch Erhaltenem oder Wiedererrichtetem, typischen Nachkriegsbauten und Hochmodernem. Am Weg liegen u. a. die vier mittelalterlichen City-Kirchen, das Rathaus oder der Alte Markt und vieles mehr vom alten und neuen Dortmund.

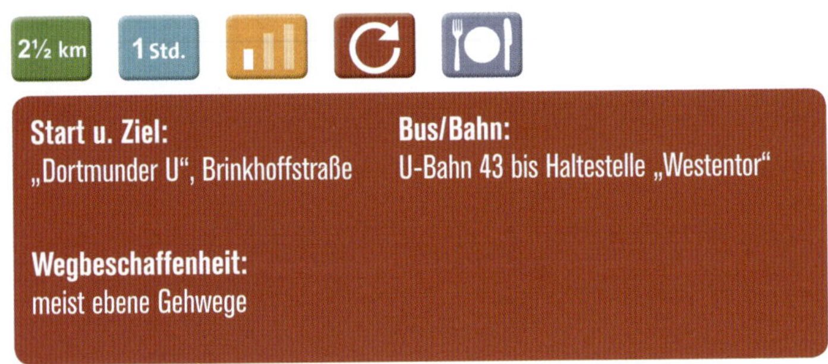

Start u. Ziel:
„Dortmunder U", Brinkhoffstraße

Bus/Bahn:
U-Bahn 43 bis Haltestelle „Westentor"

Wegbeschaffenheit:
meist ebene Gehwege

Wegbeschreibung

An der **Brinkhoffstraße** geht es los, und nicht nur Biertrinker wissen sofort etwas mit diesem Straßennamen anzufangen. Ja richtig, wir sind in der einstigen „Brauerei-Meile" der Stadt. Die Straße erinnert an den früheren Braumeister Fritz Brinkhoff, der hier schon in den 1870er-Jahren sein Handwerk ausübte. Und auch das ehemalige Brauereihaus **„Dortmunder U"** von 1927 steht ganz in der Tradition der Bierstadt Dortmund. Es war das erste Hochhaus der Stadt und trägt seit 1968 mit den vier unübersehbaren zwölf Meter hohen U auf den obersten Turmgeschossen ein weithin bekanntes Wahrzeichen Dortmunds.

i Dortmund konnte sich in den 1950er/60er-Jahren Europas Bierstadt Nummer eins nennen. In Hochzeiten wurden über 7 Mio.

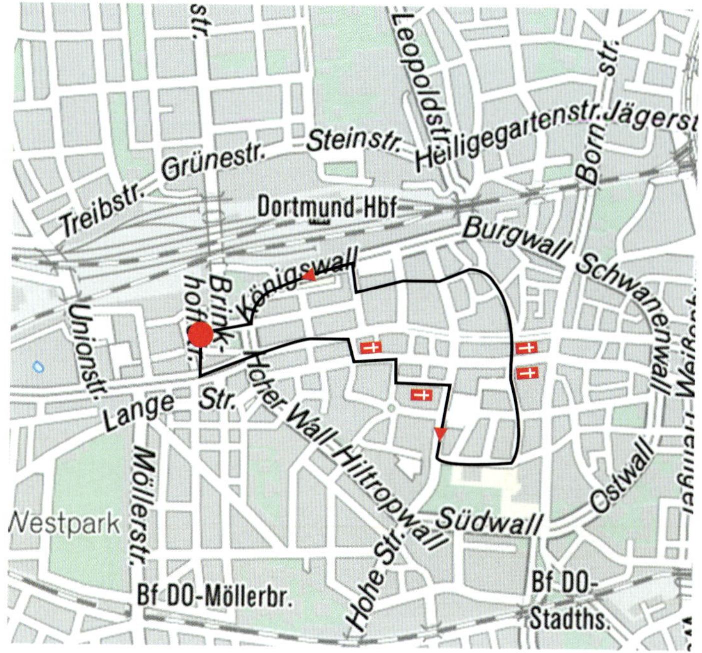

Hektoliter pro Jahr produziert. Zeuge davon ist auch das Kellereihochhaus der einstigen Dortmunder Union Brauerei (DUB). „Union-Turm“ genannt, wurde es 1994 als Brauereistandort aufgegeben und stand lange leer. Im Zuge von RUHR.2010 verwirklichte man dort ein Kreativcenter, in dem u. a. das Museum Ostwall und das RUHR.VISITORCENTER Dortmund eingezogen sind. Die neue Lichtbildinstallation ist längst zum spannenden Highlight geworden.

Über die Kreuzung am **Westentor** überschreiten wir symbolisch den einstigen mittelalterlichen Wall, der damals das alte Dortmund umschloss. Erst mit der Industrialisierung wuchs der Stadtkern aus der Umgrenzung der alten Stadtmauern heraus. Geradeaus geht es nun in die **Kampstraße**. Vor der evangelischen **Petrikirche**, einer schlichten gotischen Hallenkirche aus dem 14. Jahrhundert, die mit dem „Goldenen Wunder“ einen im-

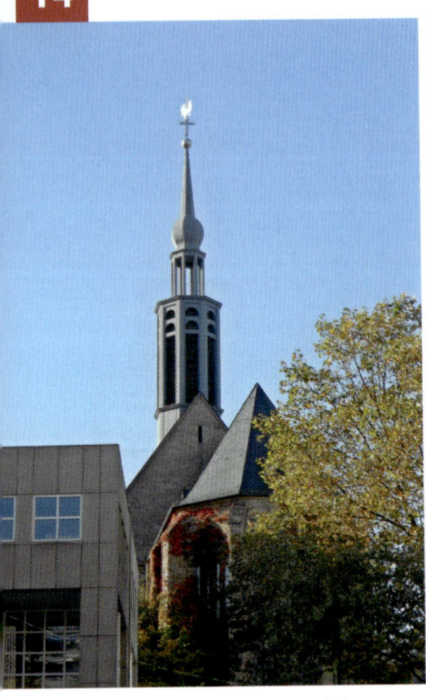

Blick vom Hansaplatz auf die Propsteikirche

posanten und bedeutenden spätmittelalterlichen Schnitzaltar flämischen Ursprungs hütet, biegen wir rechts ein (**Petrikirchhof**). Am Ende der Straße links in den **Westenhellweg**; er ist zusammen mit dem Ostenhellweg Teil des einstigen Handelswegs aus der Zeit des Mittelalters, als Dortmund Mitglied im mächtigen Hansebund war. Nach dem Zweiten Weltkrieg entstand hier eine der ersten Fußgängerzonen in Deutschland. Bald rechts in die **Kolpingstraße**, von der wir links abbiegend hinüber zur **Propsteikirche** gelangen.

i Die katholische Propsteikirche St. Johannes ist die einzige katholische der vier Innenstadtkirchen. Früher einmal gehörte sie zum Dominikanerkloster, das aber 1816 aufgelöst wurde. Die Klosterkirche war dann Pfarrkirche und ist seit 1859 Sitz des Propstes. Ausgestattet ist sie u. a. mit einer wertvollen, aus den 1570er-Jahren stammenden spätgotischen Tafelmalerei des Hochaltars.

Am Ende der **Schwarze-Brüder-Straße** sich rechts haltend in die **Fußgängerzone** und über **Hansa**-, dann **Prinzenstraße** zum repräsentativen **Rathaus**, das 1989 im Stil der Moderne fertiggestellt wurde. Es steht am **Friedensplatz** mit der von der Bildhauerin Susanne Wehland gestalteten Friedenssäule, auf der in verschiedenen Sprachen der Frieden auf Erden angemahnt wird; ein in unmittelbarer Nähe zum Platz gepflanzter Ginkobaum erinnert zudem an die Opfer des Atombombenabwurfs

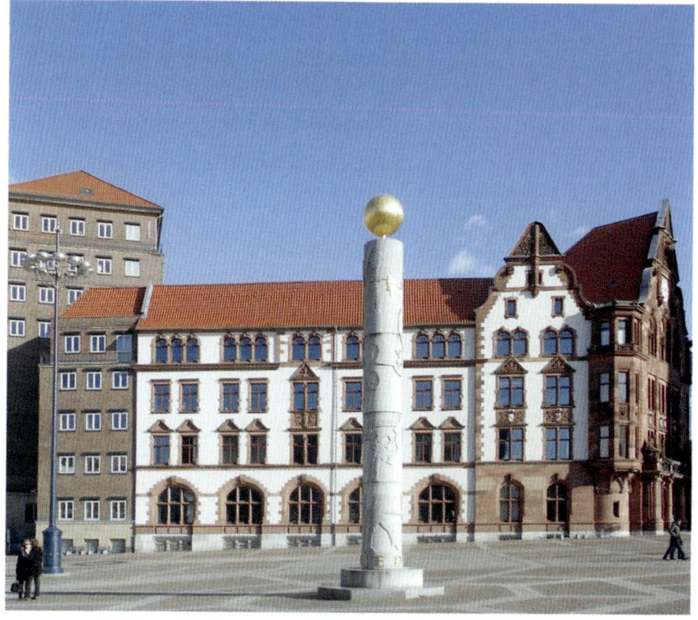

Auf dem Friedensplatz vor dem alten Stadthaus

auf Hiroshima. Jetzt schon legendär sind die Meisterschaftsfeiern für den Fußballverein Borussia Dortmund, als sich mehr als 100.000 Menschen am Friedensplatz einfanden, um ihren Verein in Empfang zu nehmen, denn der BVB mit seiner langen Tradition gehört nun mal zum Lebensgefühl vieler Dortmunder dazu. Und seit der Fußball-WM 2006 trifft man sich auch zum Public Viewing mit bis zu 20.000 Menschen. Dann wird eine Großbildleinwand aufgestellt, um gemeinsam mitzufiebern.

Hinter Rathaus und Friedensplatz liegt der **Stadtgarten** mit dem sehenswerten Gauklerbrunnen; der Park wurde 1982 zum 1100-jährigen Bestehen der Stadt angelegt. Und gegenüber dem neuen Rathaus steht das **Stadthaus** von 1899 aus rotem Sandstein – es ist das alte Rathaus, das seinerzeit den Vorgängerbau am Alten Markt ersetzte. Es wurde u. a. schon in den 1950er-Jahren durch den Hochhausbau erweitert. Verbunden wird die

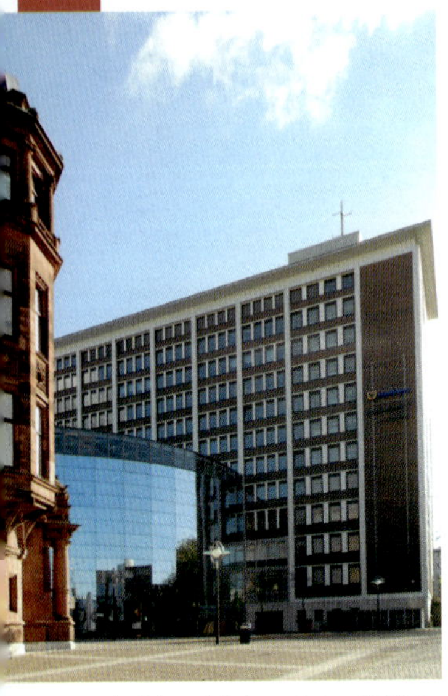

Auf dem Friedensplatz mit Blick auf die Berswordthalle

Stadtverwaltung durch die moderne gläserne Berswordthalle. Jetzt weiter vom **Friedensplatz** links in die **Betenstraße**, denn wir wollen hinüber zum **Alten Markt**, der „guten Stube“ Dortmunds mit allerlei Gastronomie und dem Bläserbrunnen am Platz. Dort entdeckt man auch die Bläserfigur, die noch vom ersten Brunnen von 1901 stammt. Der Markt war früher einmal Standort des Dortmunder Rathauses, doch als dies für die anwachsende Stadt zu klein wurde, bekam es ein neues Gebäude am heutigen Friedensplatz. Anschließend wieder mit der **Betenstraße** weiter zur attraktiven Fußgängerzone am **Ostenhellweg**, wo wir das schmale, viergeschossige „Historische Haus“ von 1607 mit den verzierten Giebeln, ebenfalls eines der wenigen nicht kirchlichen Gebäude, das den Zweiten Weltkrieg überstand, finden. Anbei **St. Marien**, das älteste Gotteshaus Dortmunds und nur an bestimmten Tagen geöffnet. Um 1170/1180 erbaut und zu reichsstädtischer Zeit Gerichtskirche, enthält sie gleich zwei wertvolle Altarwerke. Die Marienkirche wirkt fast ein wenig verloren in direkter Nachbarschaft zu einem der bekanntesten Bauwerke Dortmunds: der mächtigen **Reinoldikirche.**

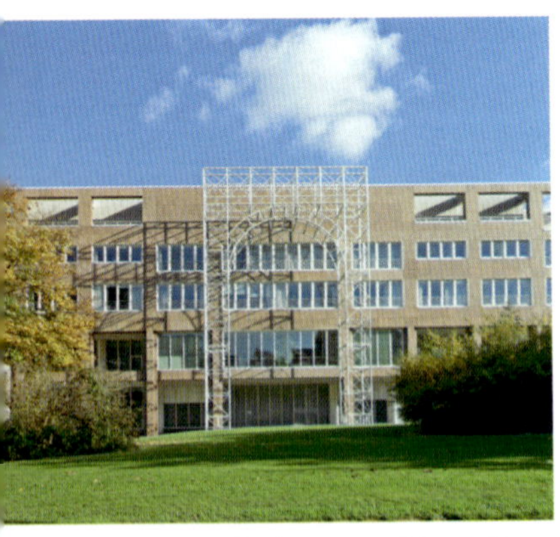

Blick vom Stadtgarten auf das Rathaus

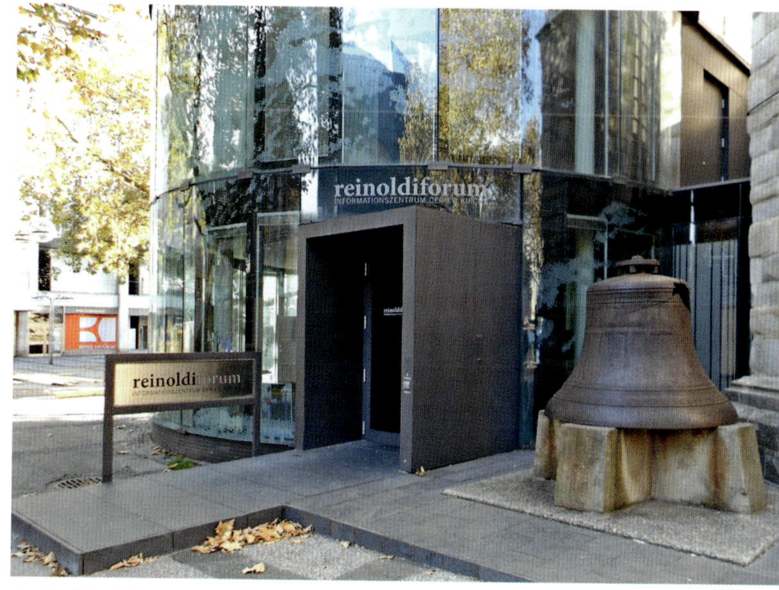

An der Reinoldikirche – Reinoldiforum mit ehemaliger Kaiserglocke

Sie ist die bedeutendste Kirche der Stadt und benannt nach dem Dortmunder Stadtpatron Reinoldus. Bis zum 17. Jahrhundert bewahrte man hier seine sterblichen Überreste. Erbaut wurde die Reinoldikirche in der zweiten Hälfte des 13. Jahrhunderts. Zuvor war ein erstes Gotteshaus bei einem Stadtbrand 1232 fast komplett niedergebrannt. In mehreren Bauphasen erstand schließlich eine neue Kirche, die 1944 dem Krieg zum Opfer fiel, 1956 wiederhergestellt war und bis heute ein Wahrzeichen der Stadt ist.

Wir schlendern über den **Kirchplatz** an der Reinoldikirche zum Platz von Leeds in die ebenfalls noch autofreie **Brückstraße**. Früher galt die Gegend ringsum einmal als verrufenes Viertel, heute dagegen ist es bei jungen Leuten richtig angesagt. Blickfang ist natürlich der unübersehbare Blockbau in Türkis und Schwarz des **Konzerthauses** an der zentralen Kreuzung. Es steht dank hervorragender Akustik in einer Reihe mit den besten Konzertsälen Mitteleuropas. Anschließend links in die **Lütge Brückstraße** und über die Hansastraße hinweg zum Museum für Kunst- und Kulturgeschichte, in dem wertvolle Bestände an historischen Münzen, Glas, Porzellan, Möbeln und Gemälden gezeigt werden. Danach weiter der **Museumsgasse** folgen, an deren Ende wir auf die querende Straße **Freistuhl** treffen. Ein architektonischer Glanzpunkt zeigt sich jetzt mit der Glasfassade des über 100 Meter hohen linsenförmigen RWE-Towers aus der Nähe. Schade, dass man nicht hinauf darf. In der Straße Freistuhl dagegen wird an das einstige **Freistuhlgericht** erinnert.

i Gegenüber des heutigen Bahnhofs verkörperte lange Zeit die alte Femlinde das mittelalterliche Dortmund. Sie stand am aus dem 16. Jahrhundert entspringenden Freistuhlgericht mit ursprünglich zwei Lindenbäumen, Steintisch und Steinbänken. Beim Bau des ersten Bahnhofs 1847 hatte man aus Respekt zunächst um diese Stelle herum gebaut; später wurde der Baum rund 40 Meter versetzt, doch die alte Femlinde zerbrach. Heute steht an der Straße Freistuhl erneut eine Linde.

Nun jenseits der Straße **Freistuhl** schräg rechts gegenüber dem autofreien (alten) **Königswall** nach, und schon folgt das nächste attraktive Gebäude, ebenfalls mit Glasfassaden. Es beherbergt die Zentralbibliothek der Stadt- und Landesbibliothek und wurde 1998 fertiggestellt. Anschließend rechts in die wiederum autofreie **Katharinenstraße** und über den großen Königswall hinweg zum **Bahnhof**.

i Den ersten, alten Bahnhof hatte man bereits 1847 ebenfalls nördlich des Stadtzentrums errichtet. Der neue Hauptbahnhof war dann bei seiner Eröffnung 1910 einer der größten im damaligen Deutschen Reich. 1944 im Krieg zerstört, erwartet uns heute das sanierte Empfangsgebäude aus dem Jahr 1952. Besonderer Blickfang sind in der Eingangshalle die fünf großen Glasbilder, die traditionsreiche Dortmunder Wirtschaftszweige

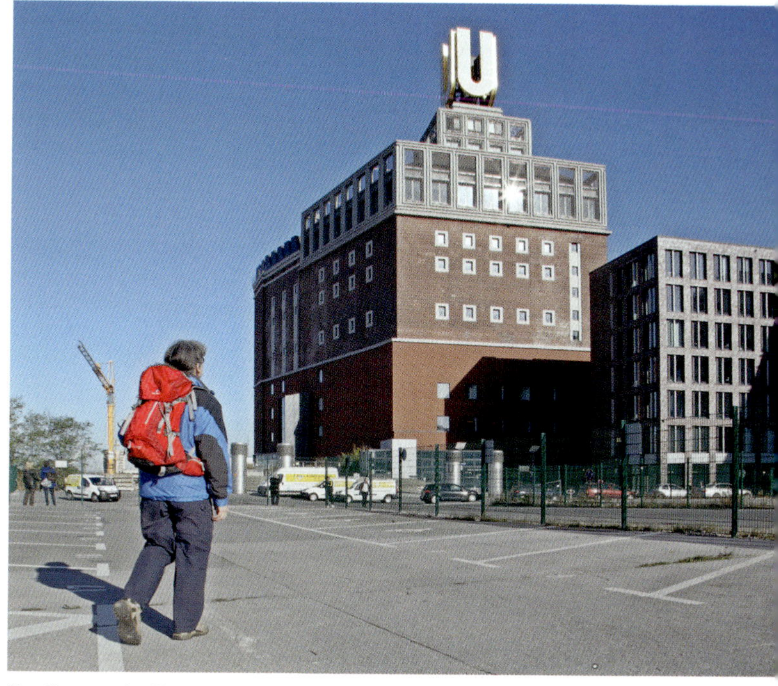

Das Dortmunder U – weithin sichtbares Wahrzeichen

wie etwa das Brauereigewerbe oder die Hüttenwerke repräsentieren sollen. Inzwischen ist der Bahnhof drittgrößter Intercity-Knotenpunkt Deutschlands.

Vom Bahnhof zum Schluss dem **Königswall** nach. Der nordwestliche Abschnitt der breiten alleeartigen Straße hieß bis 1903 Westwall. Nicht zu übersehen ist auf dem Rückweg zum „Dortmunder U" das Harenberg City-Center (HCC), ein beliebter Veranstaltungs- und Konferenzstandort, denn das markante Gebäude, auch „Tortenstück" genannt, gehört mit 70 Metern zu den höchsten Bauwerken Dortmunds und ist Teil des kulturellen Lebens der Stadt.

Auf grünen Wegen zum Westfalenpark

Über die Hälfte des Dortmunder Stadtgebiets ist grün, und schöne Ecken findet man auch im direkten Umkreis der City. So unternehmen wir vom Friedensplatz einen Gang durch den Stadtgarten und nutzen die begrünten Verbindungswege zum historischen Stadewäldchen und hinüber zum weithin beliebten Westfalenpark, der schon dreimal Standort der Bundesgartenschau war.

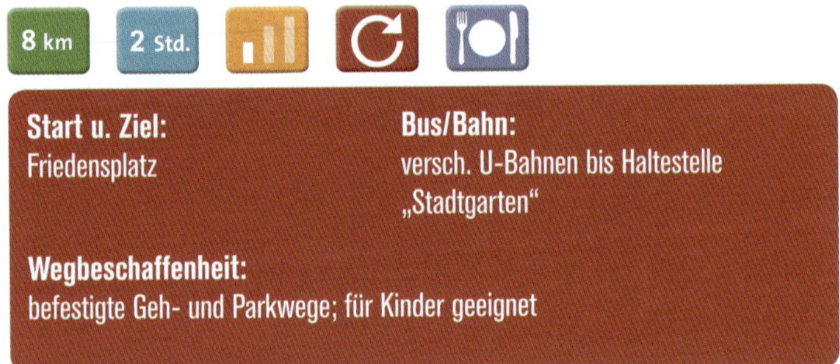

Start u. Ziel:
Friedensplatz

Bus/Bahn:
versch. U-Bahnen bis Haltestelle „Stadtgarten“

Wegbeschaffenheit:
befestigte Geh- und Parkwege; für Kinder geeignet

Wegbeschreibung

Start ist am **Friedensplatz**, beim neuen Rathaus von 1989. Wir schwenken in den Stadtgarten ein, der 1982 zum 1100-jährigen Stadtjubiläum angelegt wurde, und können gleich der attraktiven Gauklerbrunnenanlage einen Besuch abstatten. Dem Weg im Linksbogen durch den Stadtgarten folgen und zum Schluss an den Parkplätzen des in den 1950ern erbauten Hochhauses der Stadtverwaltung vorbei zur großen Kreuzung Neutor an der **Kleppingstraße**, zwischen Südwall und Ostwall. Die Wallstraßen rund um die City markieren ungefähr die bis 1890 eingeebneten mittelalterlichen Wallanlagen, die einst das alte Dortmund umgaben. Den Südwall überqueren und der **Ruhrallee** nach mit dem auffälligen Elipson Bürohochhaus zum

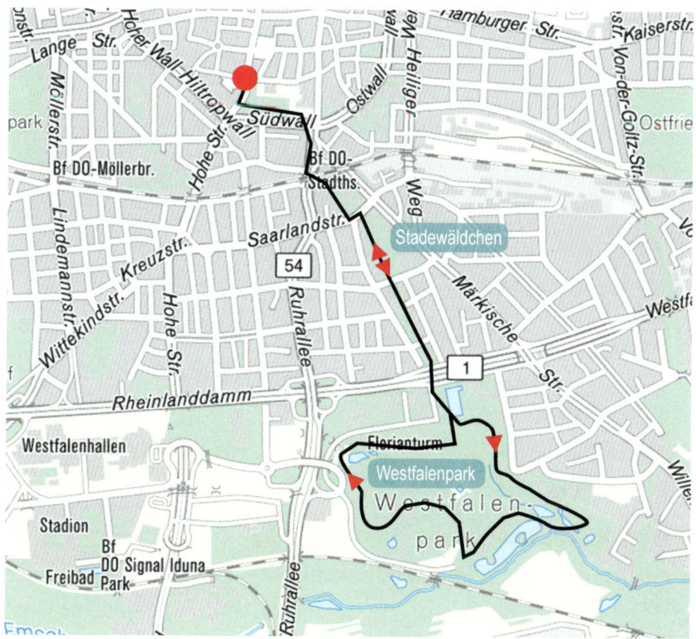

von Bäumen gesäumten schön gestalteten „**Platz von Rostow am Don**". Sein Name steht für die russische Partnerstadt, die Dortmund seit Ende der 1970er-Jahre hat. Von dort geht es durch die hier beginnende Grünanlage, die sich am nahen **Südbad** und direkt am bekannten und beliebten Wilhelm-Hansmann-Haus vorbei, das seit mehr als 40 Jahren als Seniorenbegegnungsstätte der Stadt betrieben wird, hinüber zum Stadewäldchen zieht.

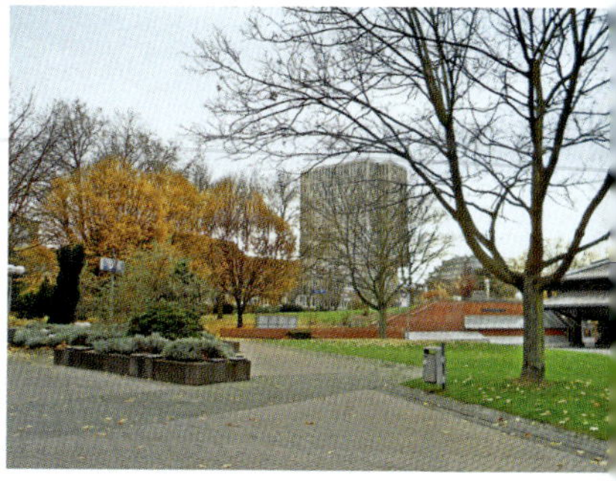

Im Stadtgarten

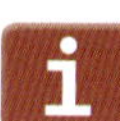

Als erstes Dortmunder Hallenbad nach dem Krieg erbaute man von 1957 bis 1960 das Südbad, in dem Olympiaausscheidungen und Deutsche Meisterschaften stattfanden und zahlreiche Schwimmrekorde aufgestellt wurden. Als ein eigenes Badezimmer noch nicht selbstverständlich war, konnte man im Untergeschoss z. T. heute noch erhaltene Brause- und Wannenkabinen nutzen. Seit der von 2003 bis 2007 erfolgten Sanierung ist das Bad mit der vollständig verglasten Ostfassade und einem riesigen Wandfliesenmosaik nun wieder eine zeitgemäße Wettkampfstätte, steht aber auch den Freizeitschwimmern offen.

Wir überqueren die **Saarlandstraße** – hier gibt es das Restaurant „Stadewäldchen" mit großem Biergarten – und treten ein ins **Stadewäldchen**, das gerade einmal Platz findet zwischen Märkischer Straße und Hainallee, den Spaziergang aber weiterhin sehr angenehm macht.

i

Das Stadewäldchen wurde in den 1920er-Jahren als Parkanlage vom Brauereibesitzer Stade angelegt und diente damals schon als Verbindungsweg von der Dortmunder Innenstadt zum damaligen Kaiser-Wilhelm-Hain. 1939 übernahm die Stadt die Grünanlage zwischen Saarlandstraße im Norden und Markgrafenstraße im Süden und machte sie öffentlich zugänglich. Zur Bundesgartenschau 1959 und noch bis in die 1960er-Jahre hin-

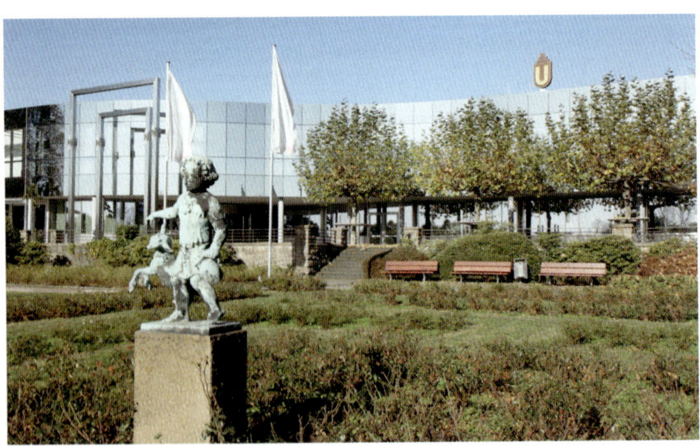

Im Rosengarten unterhalb der nahen Westfalenhalle

ein wurde der Park weiter ausgebaut, um den Besuchern einen durchgehend reizvollen Fußwegeanschluss hinüber zum Westfalenpark anzubieten.

Wir überqueren die **Landgrafenstraße** und nutzen anschließend die Grünanlage, die wiederum parallel zur Hainallee verläuft. Danach bringt uns schon die **Fußgängerbrücke** über die hier vierspurige B1 zum Haupteingang des **Westfalenparks**. Dabei kommen wir zu Beginn geradeaus mit dem Teich zur Linken in den Kaiser-Wilhelm-Hain.

i

Am Haupteingang des Freizeitparks finden wir mit dem Kaiser-Wilhelm-Hain einen Ursprungskern des späteren Westfalenparks. Er wurde seinerzeit 1889 bis 1894 von den Bürgern aus Spendengeldern zu Ehren des Regenten angelegt; damals errichtete man ein Abbild des Monarchen - nicht hoch zu Ross, sondern bequem in einem Stuhl sitzend, umgeben von Grün. Im Sommer 2012 musste die über 120 Jahre alte Kaisereiche, die in Anwesenheit von Kaiser Wilhelm gepflanzt worden war, wegen Pilzbefalls gefällt werden.

Für den Rundgang durch den heute 70 Hektar großen Westfalenpark halten wir uns zu Beginn links, um zunächst immer an der Ostseite entlang, am Eingang Baurat-Marx-Allee vorbei bis in den südöstlichen Zipfel zu gelangen.

i

1959 für die Bundesgartenschau angelegt, durfte der Westfalenpark auch 1969 und 1971 Ausrichtungsort der „Blumenausstellung“ sein, jeweils mit entsprechenden Erweiterungen und Ergänzungen. Bei seiner Planung integrierte man den alten Kaiser-Wilhelm-Hain und den traditionsreichen Buschmühlenpark, der schon im 19. Jahrhundert ein beliebtes Ziel für den Sonntagsausflug war, in das Gelände. Typisch für das Ruhrgebiet, macht der Kontrast zwischen grünem Erholungsraum und industriellen Relikten im unmittelbaren Umfeld den ganz besonderen Reiz aus, denn blickt man z. B. von Fernsehturm

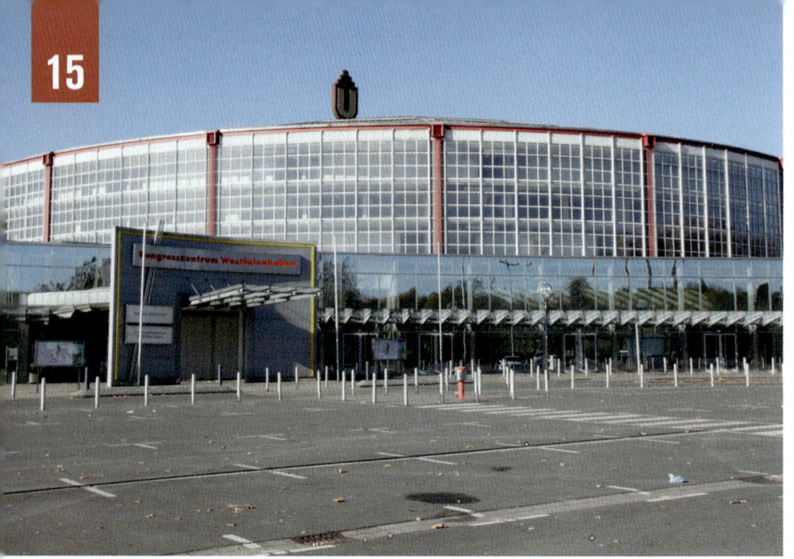

Nur einen Katzensprung entfernt: die Westfalenhalle

„Florian“ nach Süden, liegt gleich hinter der Emscher das Areal, das bis vor wenigen Jahren zum gewaltigen Phoenix Stahlwerk gehörte, u. a. mit den beiden erhaltenen Hochöfen, der Phoenix Halle und dem riesigen Gasometer.

Im Südostzipfel des Parks geht es um die kleinen Teiche herum weiter zum ausgedehnten Ruderteich und dem Restaurant an der Buschmühle, wo auch das Deutsche Kochbuchmuseum zu finden ist. Die **Buschmühle** mit ihrer Teichanlage gibt es schon sehr viel länger als den Westfalenpark, und für Generationen von Dortmundern war sie ein klassisches Ausflugsziel für den Sonntag. Danach Richtung Sesselbahn – denn man kann den Westfalenpark auch oberhalb hinwegschwebend erkunden – und an der Sternwarte vorbei hinein ins **Rosarium**.

i Was man sich heute kaum noch vorstellen kann: 1816 nahm man im Grubenfeld Am Busch auf dem heutigen Parkgelände am „Kunst- und Maschinenschacht Wilhelm“ die erste Dortmunder Dampfmaschine von Johann Dinnendahl auf einer Dortmunder Zeche in Betrieb, um das Grubenwasser abzupumpen. 1903 stellte das Bergwerk Friedrich Wilhelm die Förderung ein, und nach dem Ersten Weltkrieg übernahm die dem Namen nach vielen bekannte Zeche Tremonia das Grubenfeld, denn sie wurde von 1944 noch bis 1996 als Versuchsgrube betrieben.

Es ist das erste bundesdeutsche Rosenmuseum, das 1972 angelegte Rosarium, das wir nun durchqueren. Anschließend wieder Richtung Norden, um dort den kleinen Teich zu umrunden; dabei sind wir auf Höhe des **Fernsehturms „Florian“** angekommen - bereits 1959 wurde er zur ersten Bundesgartenschau errichtet und ist mit 220 Metern eine unübersehbare Landmarke Dortmunds. Vom 142 Meter hohen Restaurant mit Aussichtsplattform kann man erst so richtig ermessen, wie kontrastreich, aber auch wie grün die Stadt sich inzwischen präsentiert. An klaren Tagen ist die Fernsicht von dort oben kaum zu toppen.

i

Für den Nachwuchs hat der Westfalenpark allerhand zu bieten. So findet man z. B. am Haupteingang das Dortmunder Kindermuseum Mondo Mio, und im Regenbogenhaus betreut das Jugendamt der Stadt die Kinder mit adäquaten Angeboten oder lädt sie auf den Wasserspielplatz ein. Unweit des Eingangs Baurat-Marx-Allee gibt es einen Kleinkinderspielplatz und das Nostalgische Puppentheater. Auch die Minibahn ist überaus beliebt, die gemütlich durch den Park zuckelt, während in der Nähe der Buschmühle der Abenteuerspielplatz Robinson lockt.

Am Fernsehturm vorbei kommen wir zurück zum Kaiser-Wilhelm-Hain und folgen auf dem Rückweg der schon bekannten Route zurück zur Stadtmitte.

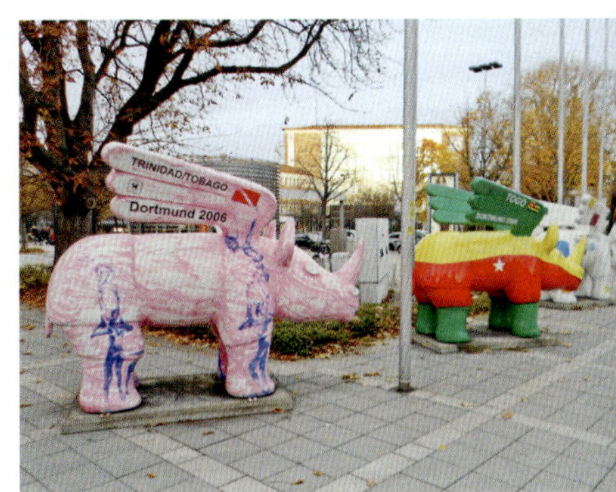

Nashörner am Stadthaus

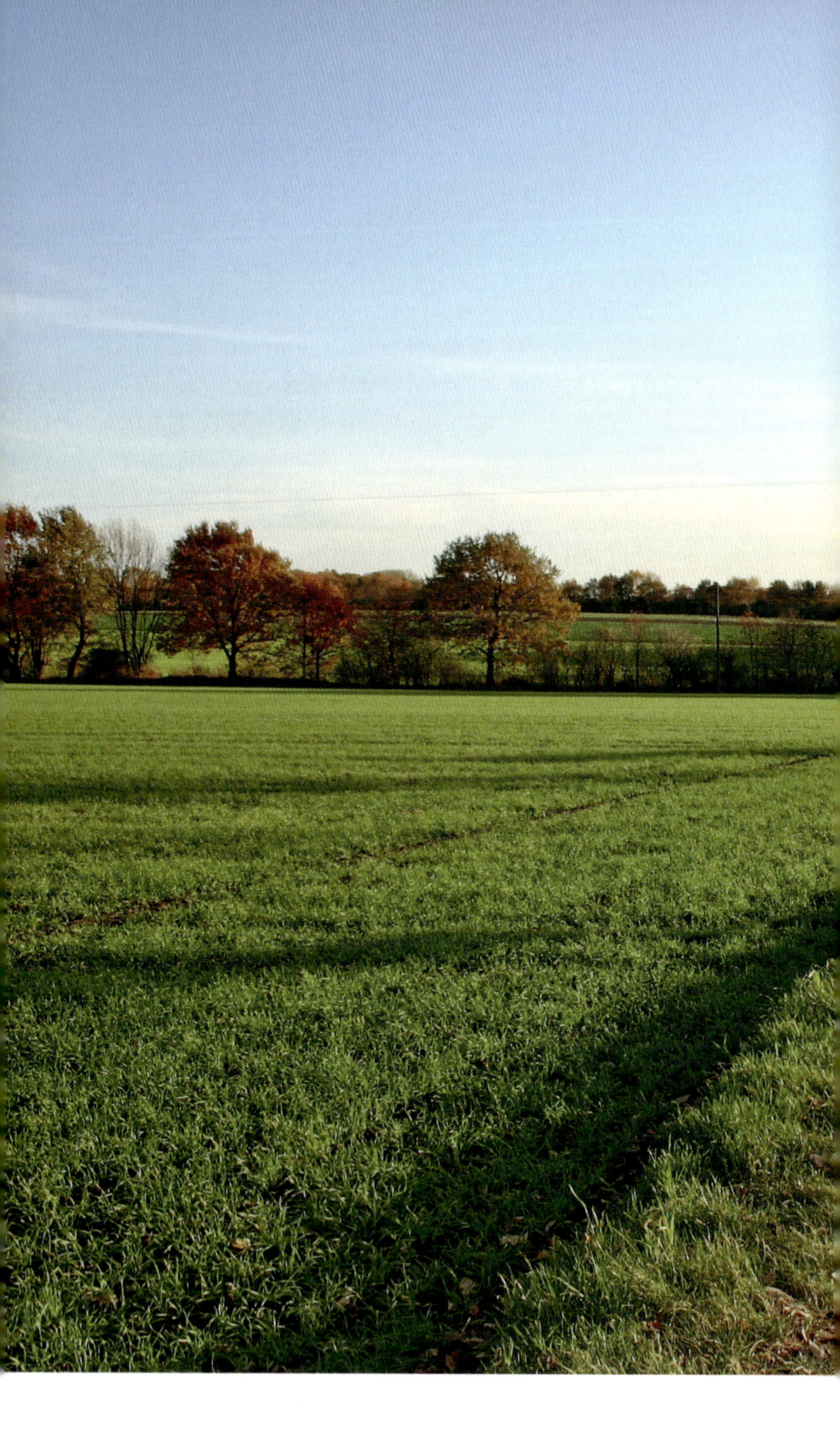

Stadtrandtouren

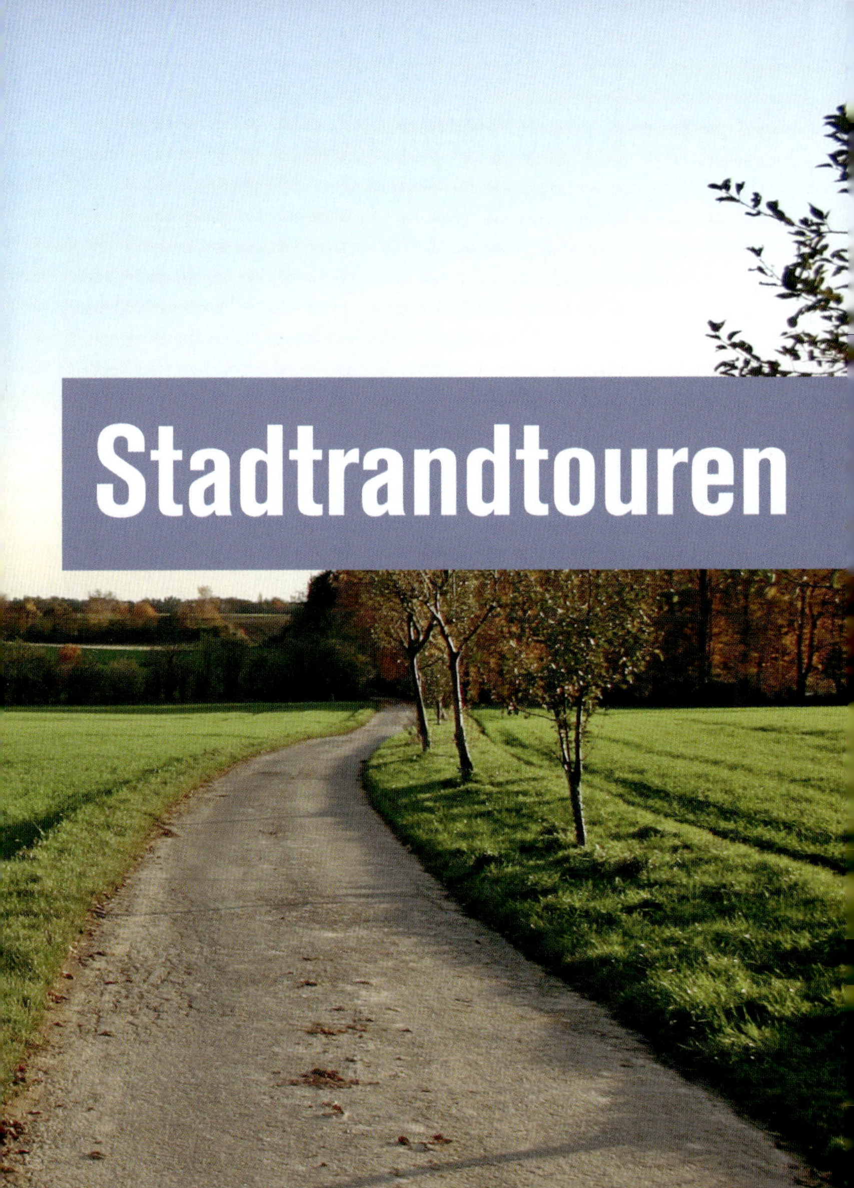

Von Kirchhörde nach Schnee

Am Nordhang des Ardeygebirges liegt Kirchhörde mit der uralten Patrokluskirche. Von dort geht es im Städtedreieck Dortmund-Witten-Herdecke hinauf auf den Kamm. Dabei kommen wir nach Schanze und Schnee und wandern durch die Großholthauser Mark bei Löttringhausen zurück nach Kirchhörde. Ergreifender Wegpunkt: das Mahnmal in der Bittermark.

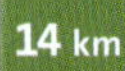

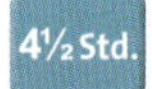

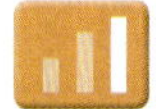
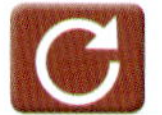
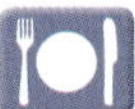

Start u. Ziel:
Parkplatz Kirchhörder Straße/Olpketalstraße

Bus/Bahn:
Bus 447 od. 450 bis Haltestelle „Wohnstift Augustinum"

Wegbeschaffenheit:
befestigte und unbefestigte Waldwege sowie kleinere Straßen und Gehwege; sehr viele An- und Abstiege; für Kinder geeignet

Wegbeschreibung

Wir biegen am Stadtforst von der **Kirchhörder Straße** aus Richtung Altenheim kommend rechts in die **Olpketalstraße**. Nun geht es erst einmal mehr oder weniger stetig bergan auf dieser „gebirgigen" Wanderung, die einiges an Höhenmetern bereithält. So führt nach den letzten Häusern ein Waldweg leicht ansteigend weiter, begleitet vom kleinen Olpkebach, der ganz in der Nähe unweit der Sauerlandlinie entspringt. Wir wandern hinein in den Stadtwald Bittermark, der hier Hülsenwald heißt, ignorieren alle Abzweige und erreichen nach etwa einem Kilometer eine Gabelung: dort rechts halten und weiter zur Wegekreuzung, nun wieder rechts, dabei gleich den Olpkebach überschreiten und aufwärts durch den Wald. Bald danach gelangen wir an einer Lichtung zum **Ehrenmal Bittermark**.

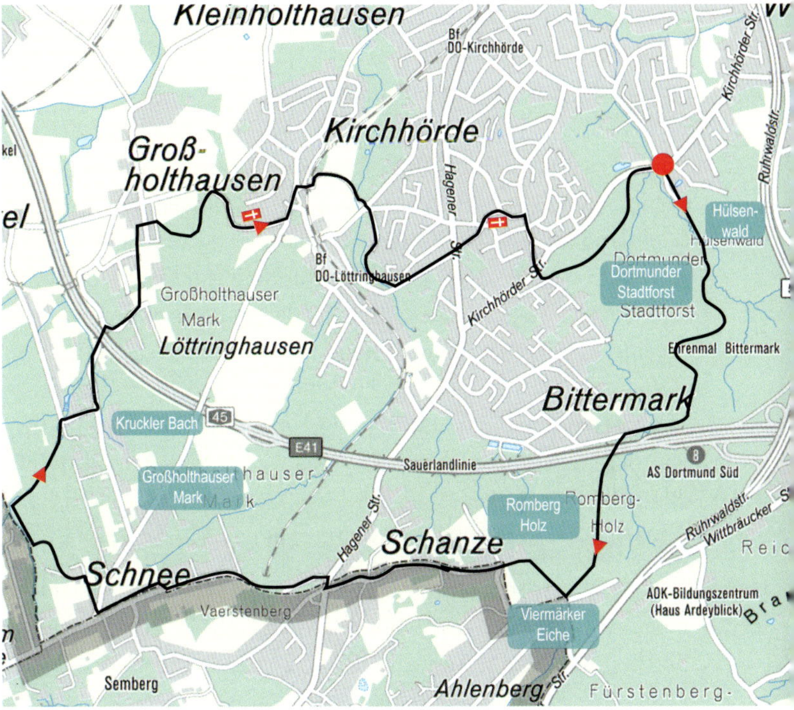

Das Mahnmal in der Bittermark erinnert an ein Verbrechen während der letzten Kriegstage in Westfalen: Die Gestapo in Dortmund tötete in den Ostertagen 1945 mehr als 290 Widerstandskämpfer und Zwangsarbeiter und ließ sie anschließend in den Wäldern verscharren. Auch die Waldlichtung in der Bittermark war einer der Tatorte, und so errichtete man hier für 194 der Opfer eine würdige Begräbnisstätte, die später durch ein bewegendes Mahnmal ergänzt wurde.

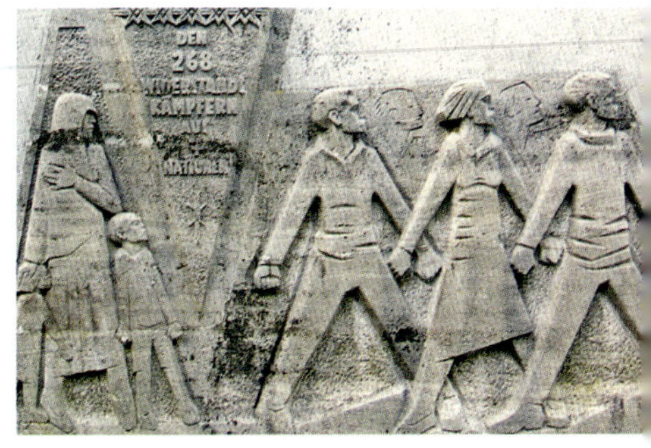

Mahnmal Bittermark im Dortmunder Stadtforst

Von der Lichtung links auf schmalerem Weg geradeaus durch den Wald. Die bewaldeten Erhebungen im weiteren Umkreis gehören zum Ardeygebirge, dessen Hauptkamm sich von Witten hinüber nach Herdecke zieht. Hier erstreckt sich am Nordhang des Gebirgszugs der **Bittermärker Wald**, der heute das größte zusammenhängende Waldgebiet in Dortmund bildet, allerdings von der Sauerlandlinie durchschnitten, der wir uns immer mehr nähern. Kurz davor endet dann auch der Waldweg, und wir schwenken nach rechts. Nach wenigen hundert Metern (350 m) kommen wir an eine Wegekreuzung (am **Theodor-Freywald-Weg**), die unweit der ersten Häuser des Ortsteils Bittermark noch im Wald liegt. Wir nutzen dort links die Unterführung der Autobahn und bleiben auf unserem Weg, der uns geradeaus durchs Romberg-Holz, wie das Bittermarker Waldgebiet jetzt heißt, bis zu seinem Rand führt. Hier stoßen wir auf das Naturdenkmal **Viermärker Eiche**.

i Der Sauerländische Gebirgsverein pflanzte 1948 diese Eiche anstelle einer etwa 600 Jahre alten Vorgängerin, die einst eine Feme- und Gerichtsstätte und das Zusammentreffen der vier Gemarkungen Großholthauser Mark und Bittermark, Reichs- und Herdeckermark kennzeichnete. Beim Einrücken der alliierten Truppen 1945 nach Hohensyburg stand sie schlicht im Weg und wurde gefällt.

Von der Straße **Am Ossenbrink** rechts in den **Viermärker Weg** (mit diversen Wanderzeichen). Am Waldrand entlang, vor den Häusern gleich wieder links abbiegen zum dünn besiedelten ländlichen Ortsteil **Schanze**. An der Gaststätte „Waldhotel Hülsenhain“ vorbei geradeaus noch einmal der Straße **Am Ossenbrink** nach, die einen schönen Blick nach rechts Richtung Norden erlaubt. An der querenden **Hagener Straße** rechts; hier finden wir das Wanderzeichen „D im Kreis“, dem wir uns anschließen. So biegen wir gleich wieder links ein und folgen ihm (und auch weiteren Wanderzeichen) am Sträßchen Schützengrund vorbei durch ein schmales Waldstück in der **Groß-**

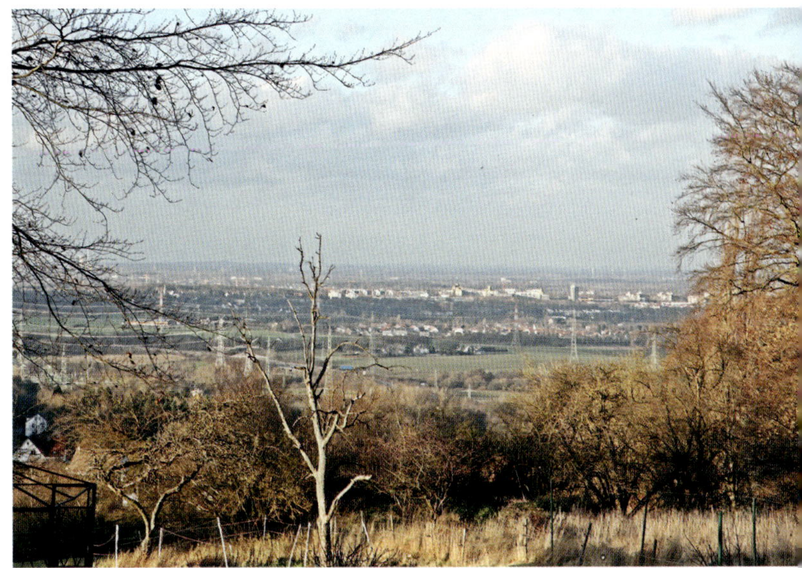

Tolle Aussicht von der Blickstraße in Schnee

holthauser Mark, durch welches die Volmetalbahn Richtung Löttringhausen mit dem nächsten Bahnhof verläuft. Nicht weit vom Weg endet rechter Hand der Tunnel der von Hagen und Herdecke kommenden Bahnstrecke. Anschließend erreichen wir das ebenfalls nur aus wenigen Straßenzügen bestehende, auf dem Höhenrücken liegende Schnee und nehmen dort die Straße **Auf dem Schnee**, der wir erst einmal aufwärts folgen. So kommen wir (mit „D im Kreis") zur **Blickstraße**, und wie der Name verrät, bietet sich eine besonders schöne Aussicht. Zudem liegt etwa hier mit rund 251 Metern die höchste Stelle der Wanderung. Auch interessant: In Schnee gab es an der Blickstraße in den 1950ern einmal die Kleinzeche Bentenbank, die mit einfachsten Mitteln nur wenige Jahre betrieben wurde. „D im Kreis" führt von der **Blickstraße** in den **Schöneichensiepen** und abwärts auf den Wald zu. Die nächsten Häuser am Oberen Grenzweg beim Blick nach links gehören schon zu Witten.

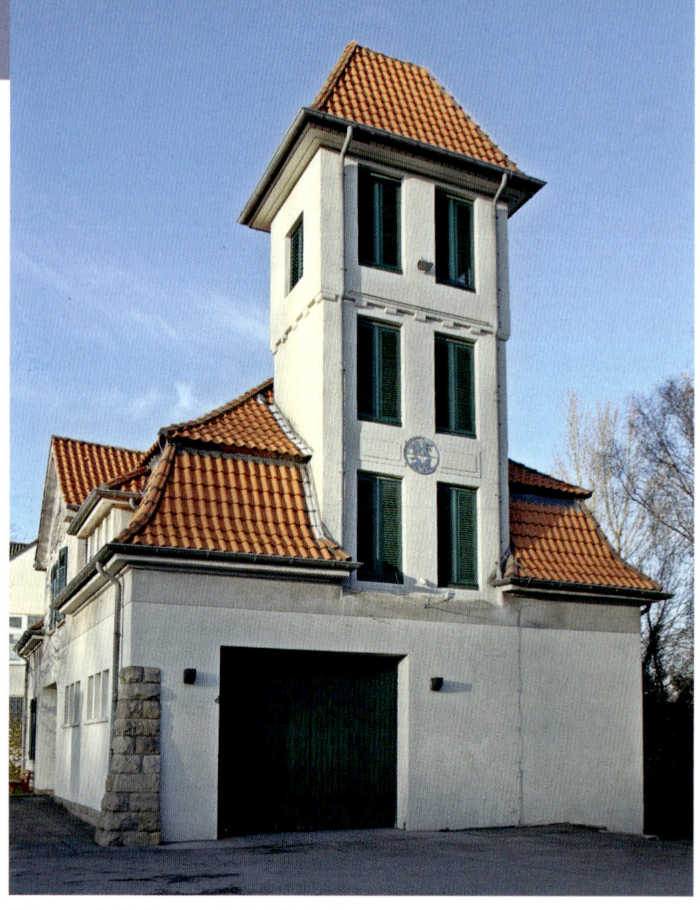

Sehenswert: die Feuerwache in Löttringhausen

Der Weg gabelt sich, und wir nehmen (jetzt ohne „D im Kreis“) rechts den nun abwärts führenden Weg am Kruckler Bach in den Wald. Am Waldrand angekommen geradeaus weiter (**In den Böcken**), an ein paar Häusern vorbei zur nächsten Querstraße (**Am Hülsenberg**), die uns links hinüber zur nahen Autobahn leitet. Hier stößt von rechts das Wanderzeichen A4 zu uns, dem wir uns anschließen. Hinter der Unterführung bringt es uns erst in die Straße **Am Franzosensiepen** und links zu den nächsten wenigen Häusern (**Am Ballroth**) in der Großholthauser Mark. Danach geht's zum Friedhof, dort außen vorbei durch den Wald und anschließend mit der **Kruckeler Straße** – auf rund 115 Metern Höhe angekommen – erst noch durch den Wald, dann zur Kirche von Löttringhausen. Wir queren wenig später an der sehenswerten **Feuerwache** die Volmetalbahn, die im 19. Jahrhundert nach Richtung Hagen eröffnet wurde, und gelangen durch offene Landschaft dem **„Kirchhörder Berg"** nach zurück nach Kirchhörde. Dort wechseln wir in die **Goerdelerstraße** und kommen danach durch ein kleines Wäldchen. So stoßen wir auf die Straße **Kobbendelle**, der wir links (ohne A4) zur **Hagener Straße** nachgehen. Im Mittelalter war diese die einzige Verbindung zwischen Hagen und Dortmund. Jetzt geradeaus in den **Patroklusweg**, der uns an der evangelischen **St. Patrokluskirche** vorbeiführt.

i

Die alte Pfarrkirche am Patroklusweg mit einer tausendjährigen Geschichte wird auch „Klein-Reinoldi" genannt, denn sie bekam auf ihren Turm eine verkleinerte Form der alten Turmhaube der Reinoldikirche aufgesetzt, wie sie aussah, bevor die Reinoldikirche im Zweiten Weltkrieg zerstört wurde. Einst umgaben die Patrokluskirche nur Wälder und Felder. Das änderte sich erst im 19. Jahrhundert, als auch in Kirchhörde Zechen gegründet wurden. Vom Zechensterben der 1920er-Jahre blieb nur das Bergwerk Gottessegen an der Hagener Straße übrig, das 1891 einen eigenen Schacht geteuft hatte. 1963 wurde auch hier der Betrieb eingestellt.

Am Ende des **Patrokluswegs** rechts in die **Dahmsfeldstraße**. Wenig später biegen wir erneut rechts in den **Osthoffweg** ein, kommen zur **Kirchhörder Straße** und gehen geradeaus in den **Muddepenningweg**. Gleich ergreifen wir links die Möglichkeit, um in den Stadtforst hinein zu gelangen. An der Gabelung links, kurz darauf den folgenden Abzweig nach links ignorieren und uns am Ende links haltend, wandern wir noch ein Stück durch den Wald, bis wir fast gegenüber des Wohnstifts zurück zur **Kirchhörder Straße** kommen.

Von Kley zur Universität

In Kley, im Dortmunder Westen, beginnt die kontrastreiche Tour, die zu Beginn durch idyllische Felder in von sanften Hügeln geprägter Landschaft nach Oespel führt. Ländlich wirkt es trotz Autobahn auch um Eichlinghofen herum, wo wir den Campus Süd der Uni Dortmund erkunden und weiter zum Campus Nord vorstoßen. Die Hochschule entstand in den 1960er-Jahren und stellt den überaus interessanten Abschluss der Wanderung dar.

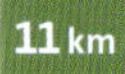
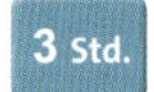
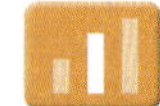
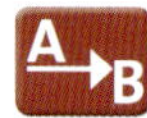
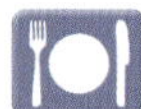

Start: S-Bahnhof Dortmund-Kley, Kleyer Weg
Ziel: S-Bahnhof Dortmund-Universität

Bus/Bahn:
S 1 bis Bahnhof Kley;
Vom S-Bahnhof „Universität" S 1 bis Kley

Wegbeschaffenheit:
unterschiedliche Weguntergründe, sowohl Waldwege als auch Straßen; häufiges Auf und Ab; für Kinder geeignet

Wegbeschreibung

Los geht's am S-Bahnhof Dortmund-Kley. Hier können wir der Straße **Kleyer Feld** am Rande der Bebauung entlang der Felder bis zum Ende folgen. Dort rechts, geht es direkt hinein in die leicht hügelige Feld- und Wiesenlandschaft (**Am Zitter**) und an der nächsten Straßengabelung erneut rechts weiter (**Dünnebecke**). Vor der deutlichen Rechtskurve biegen wir links ab in einen Wanderweg, markiert mit „D im Kreis", an dem wir uns bis auf weiteres orientieren. Er folgt der kleinen Dünnebecke hinüber auf Wittener Grund und in sein idyllisches, tief einge-

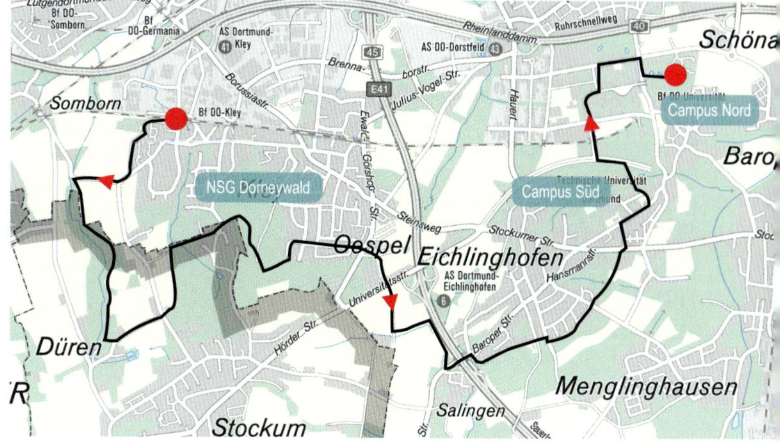

schnittenes Bachtal, das zur Linken von einem Waldhang und zur Rechten von sanften Wiesenhängen begrenzt wird. Kein Wunder, dass man hier von der Dürener Schweiz spricht. Zum Schluss ein Stück bergauf, kommen wir bei einigen wenigen Häusern von Düren zur **Mühlenstraße**, die leicht erhöht schöne Blicke ermöglicht.

Kley und Oespel wurden vielen durch den Indupark zum Begriff, auf dem sich nach Art eines Einkaufszentrums viele große Einzelhandelsgeschäfte angesiedelt haben, so dass man auch von weiter weg zum Einkaufen dort hinfährt.

Es geht mit „D im Kreis" wieder in die offene bäuerliche Umgebung, und haben wir eine kleine Straße gekreuzt, nimmt uns geradeaus ein sandiger Fußweg auf, der nach einer Linkskurve Richtung Kley und zurück nach Dortmund verläuft. An der ersten Wegekreuzung biegen wir rechts in einen Weg ein (**Kreidemeerweg**), der uns über den Feldbach hinweg und zur **Dorneystraße** in die kleine Siedlung führt. Sie liegt am Rand des Wäldchens Dorney, das sowohl an Kley als auch an Oespel angrenzt, und so wird es von den Bewohnern gern zu einem Spaziergang besucht. In dem lauschigen Buchenwald gibt es auch

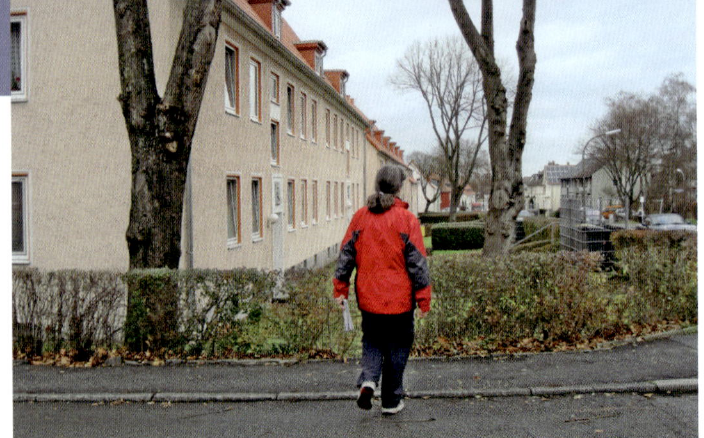

In der Siedlung am Dorneywald

einen über 100 Jahre alten Sportplatz, der trotz Ausweisung als **Naturschutzgebiet** (seit 2005) weiter genutzt werden darf.

i

Das Naturschutzgebiet Dorneywald umfasst mit seinen gut 40 Hektar neben dem totholzreichen Laubmischwald mit schönem alten Baumbestand auch Feuchtgebiete im Westen; der Dorneywald wächst auf einer in Dortmund seltenen Mergelschicht, die eine besondere Vegetation zur Folge hat. Wichtigste Schutzziele sind deshalb der Erhalt des Alt- und Totholzes und

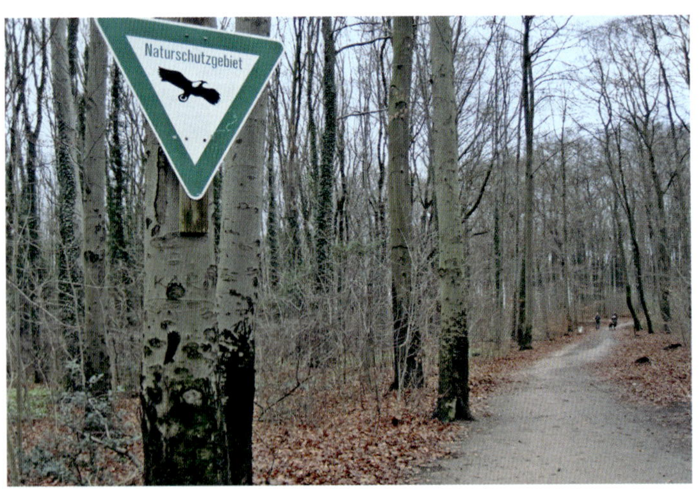

Im Dorneywald

die damit erforderliche Rücksichtnahme auf den Naturschutz bei Freizeitaktivitäten im Wald. So sollte man natürlich auf den Wegen bleiben und Hunde an der Leine führen.

Das Wanderzeichen „D im Kreis“ leitet uns anschließend kurz durch den Wald und hinüber an den Ortsrand von Oespel. Hier liegt das Jugenddorf Dortmund mit angeschlossenem Internat, in dem Jugendliche mit Lerneinschränkungen aus allen Teilen Deutschlands betreut und gefördert werden. Sie erhalten eine Ausbildung und werden je nach ihren Möglichkeiten entsprechend unterstützt. Jetzt der Straße entlang den kleinen Stadtteil durchqueren. Am Neubaugebiet lassen wir Oespel hinter uns und folgen „D im Kreis“ durch die Felder. Jenseits der Universitätsstraße dem **Salinger Weg** nach und von dort links, führt ein Weg nah an die Autobahn 45 heran. Am Rand der kleinen Siedlung **Salingen** treffen wir auf die **Baroper Straße** und kommen links unter der Schnellstraße hindurch.

Die Siedlung Salingen gehört zu den kleinsten Ortsteilen Dortmunds, denn hier leben keine 200 Einwohner. Diese findet man entweder in der Bauernschaft Salingen weiter im Süden oder direkt in der Siedlung. Nur gut anderthalb Quadratkilometer groß, wurde Salingen um 1920 nach Barop eingemeindet und kam somit 1929 zu Dortmund.

Jetzt noch ein Stückchen auf der **Baroper Straße** geradeaus weiter, dann rechts abbiegen bis vor das Waldstück am Sportplatz. Hier verlassen wir „D im Kreis“ und schwenken nach links, um uns jetzt Wanderzeichen „U“ anzuschließen (der Universitätswanderweg verbindet die Unis von Dortmund und Bochum). Eichlinghofen ist bereits ganz von der nahen **Uni** geprägt, hat mit den vielen hier lebenden Studenten eine überdurchschnittlich junge Bevölkerung.

Grundsteinlegung für die Uni, die 2007 ihren Namen in Technische Universität Dortmund änderte, war 1966. Bereits zwei

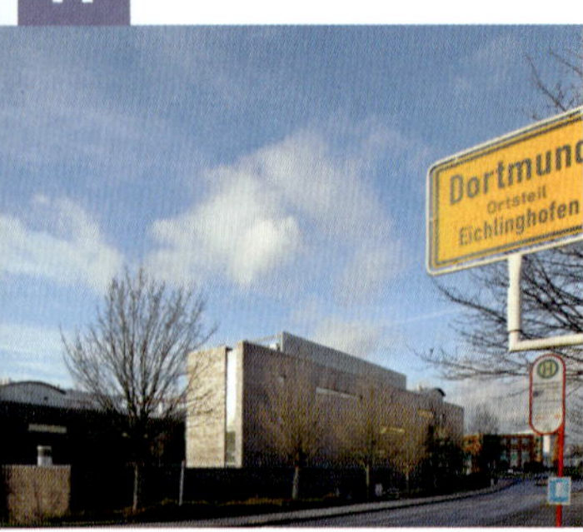

Uni Dortmund

Jahre später konnte der Studienbetrieb beginnen. Im Laufe der Jahre wurde die Hochschule ständig erweitert. Sechzehn Fakultäten stehen den Studenten zur Verfügung, die sich auf den Campus Süd und den Campus Nord verteilen. Die 1971 gegründete Fachhochschule Dortmund hat mehrere Standorte, u. a. auch an der Baroper Straße. Man kann zwischen den Fachbereichen Architektur, Design, Informations- und Elektrotechnik, Informatik, Maschinenbau, angewandte Sozialwissenschaft und Wirtschaft wählen.

Mit Markierung „U“ am Rand von Eichlinghofen entlang, am Ende beim Altenheim und dem Studentenheim zur **Stockumer Straße**. Kurz rechts der Straße nach, dann links einbiegen und weiter zur **Baroper Straße**, der wir rechts folgen (geht man der Baroper Straße etwas weiter nach, kommt man zur Fachhochschule). Jetzt sind wir am Campus Süd der Uni Dortmund angekommen und lassen uns vom Wanderzeichen „U“ durch das Hochschulgelände führen. Anschließend unterqueren wir beim Verlassen des Geländes die **Universitäts-Hochbahn**, die Campus Süd und Campus Nord verbindet.

i

Die Technische Universität Dortmund wurde etwas erhöht auf dem Stockumer Rücken errichtet, der sich zwischen Hellweg im Norden und Emschertal im Süden erstreckt. Auf diesem kleinen Höhenzug liegen etwas weiter im Osten auch das Fußballstadion (Signal Iduna Park) und der Westfalenpark. Inzwischen gibt es rund 27.000 Studierende, 300 Professoren/innen und 6.700 Mitarbeiter. Ganz etwas Besonderes am Uni-Campus ist die Hochbahn, die jeden Tag rund 5.000 Personen in vollautomatisch gesteuerten Großkabinen auf dem Universitätsareal befördert.

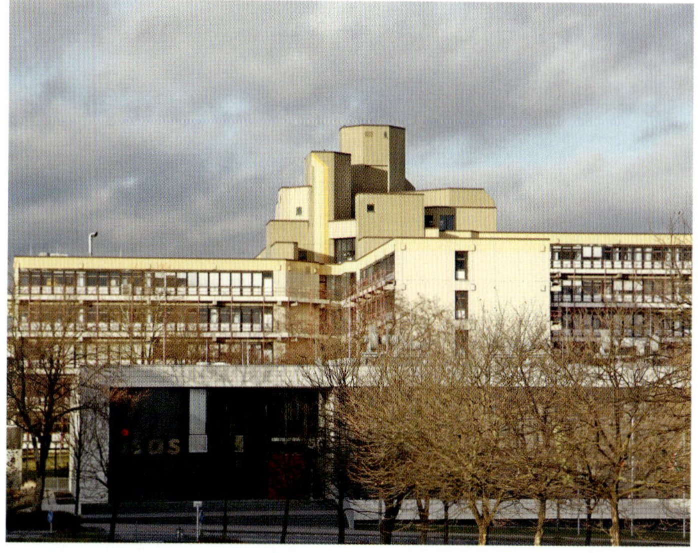

Die Uni Dortmund – Ziel der Wanderung

Nun geradewegs (dem „U“ nach) zur **Universitätsstraße**, hinüber in den **Meitnerweg**, auf dem die S-Bahn-Trasse gekreuzt wird. Dann ist hinter der **Otto-Hahn-Straße** der Campus Nord erreicht. Auch hier können wir dem Wanderzeichen durch das Hochschulgelände folgen. Es endet an der **Emil-Figge-Straße** im Eingangsbereich der Uni mit den Parkplätzen. Wir biegen (ohne „U“) rechts am Uni-Forum ein (**Vogelpothsweg**) und kommen über den Platz vor der Bibliothek zum S-Bahnhof Dortmund-Universität. Die Bahn verläuft hier übrigens unterirdisch.

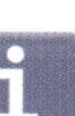

Im Westen der Uni schließen sich am Campus Nord das Technologie-Zentrum Dortmund (TZDO), das 1984 gegründet wurde, und der dazugehörige Technologiepark an. Hier möchte die Stadt den Strukturwandel vorantreiben und zukunftsweisende Technologien fördern, um die neuen Arbeitsplätze zu schaffen, die in der Industrie zu Zehntausenden verloren gingen. Zahlreiche nationale und internationale Firmen, z. B. aus der IT-Branche, haben sich inzwischen hier niedergelassen.

Von Bövinghausen nach Lütgendortmund

Einst war die Zeche Mittelpunkt und Motor der Entwicklung von Bövinghausen. Dort starten wir auch die Wanderung, die uns durch grünes Umland nach Lütgendortmund und vorbei am alten Haus Dellwig mit Heimatmuseum zurück nach Zollern bringt. Die wohl schönste Zeche des Reviers ist längst spannendes Industriemuseum von Rang!

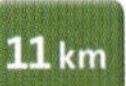

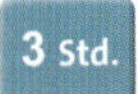

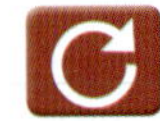

Start u. Ziel:
Westfälisches Industriemuseum Zeche Zollern, Grubenweg

Bus/Bahn:
Bahnhof Dortmund-Bövinghausen, die Tour dort starten

Wegbeschaffenheit:
meist gut befestigte Wege, zwei kürzere unbefestigte Abschnitte, die matschig sein können, sowie zwei deutliche, aber kurze Anstiege; für Kinder geeignet

Wegbeschreibung

An der **Zeche Zollern** geht es los. Vom **Grubenweg** kurz hinüber zum **Rhaderweg**, können wir sofort einmal die Bergarbeitersiedlung „Kolonie Landwehr" in Augenschein nehmen. Sie wurde für die Beschäftigten des Bergwerks im Stil einer Gartenstadt errichtet, und so kommen wir entlang der schön restaurierten Häuser von der **Jupiterstraße** in die **Plutostraße** und von dort rechts mit der **Merklinder Straße** (am Bahnhof vorbei) aus der Siedlung heraus zur **Bövinghauser Straße**. Hier links, gelangt man hinter der Bahnlinie zur **Provinzialstraße** (B 235) im Zentrum von Bövinghausen.

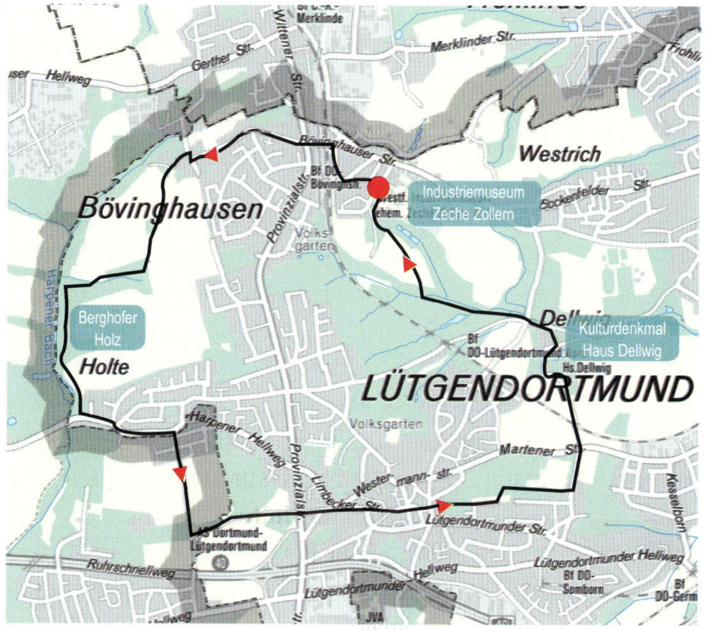

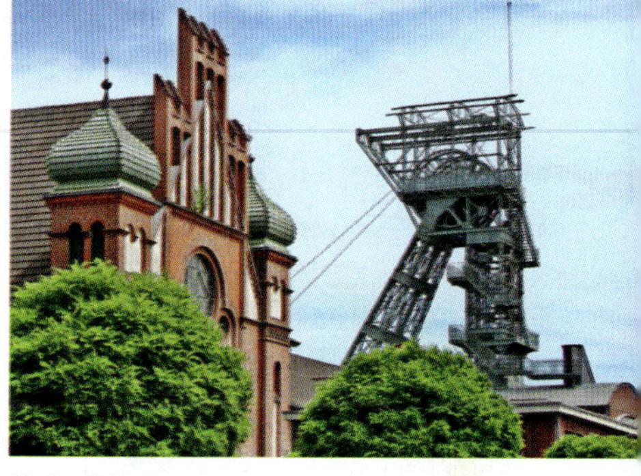
Zeche Zollern

Auch heute noch prägen die Tagesanlagen der Zeche Zollern II/IV das Ortsbild. 1898 bis 1904 errichtet und mit modernster Technik ausgestattet, galt sie als Prestigeobjekt der damals größten Bergbaugesellschaft Gelsenkirchener Bergwerks AG und verkörperte zugleich den enormen Stellenwert des Bergbaus. Dank ihrer verspielten Backsteinfassaden im Stil des Historismus erhielt sie nach dem damaligen Generaldirektor den Beinamen „Kirdorfs Schloss der Arbeit". Doch bereits nach dem Ersten Weltkrieg ging es bergab. Endgültige Schließung war 1966, und nur durch den engagierten

Bürgereinsatz konnte Zollern letztlich gerettet und restauriert werden. Die Maschinenhalle mit wunderschönen Jugendstilelementen gehört zu den ersten technischen Anlagen, die in NRW denkmalgeschützt wurden und ist heute industriegeschichtlich international bedeutend.

Der kleine Ortskern von Bövinghausen schließt sich hauptsächlich der viel befahrenen Provinzialstraße an – eine typische Vororts-Einkaufsstraße, an der auch die beiden Kirchen liegen. Ansprechende Wohnviertel breiten sich dagegen entlang der Seitenstraßen aus, und in Richtung Westen wird es richtig ländlich. Genau dorthin wollen wir: So folgen wir weiterhin der **Bövinghauser Straße**, bis sie am Rand der Bebauung an der **Bövinghauser Dorfstraße** endet. Kurz rechts einbiegen, dann nehmen wir links den kleinen **Holter Weg**, der uns (mit Wanderzeichen „Rechteck") an der Reitanlage „Cranenhof" mit Café/Bistro vorbei in die bäuerlichen Fluren bringt. Dort erreichen wir eine Kleingartenanlage (**Auf der Kuhle**), an der das „Rechteck" rechts in ein Waldstück (Naturschutzgebiet Oberes Oelbachtal) und, teils als unbefestigter Pfad, über einen kleinen Bach hinweg wieder hinausleitet. Hier kurz noch ein Stück abwärts, dann nutzen wir den ersten Abzweig nach links (ohne „Rechteck"). Es geht durch Wiesen und ein Wäldchen, nahe an einen weiteren Bach heran und vorbei an den Klärteichen. Dahinter sehen wir rechter Hand das Berghofer Holz, ebenfalls Teil des Naturschutzgebietes, doch schon auf Bochumer Grund.

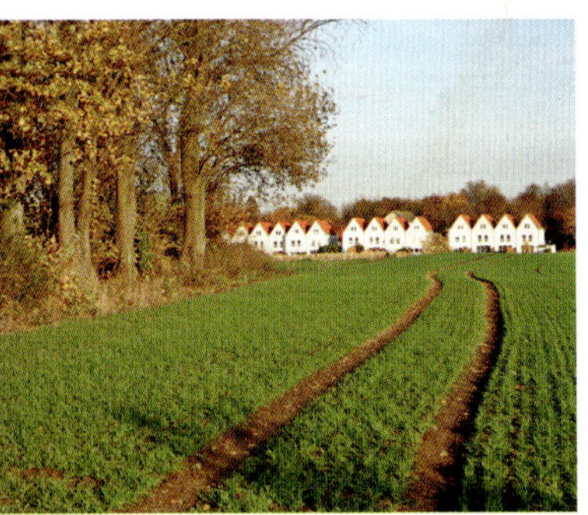

Im Naturschutzgebiet Oberes Oelbachtal/Berghofer Holz

Das alte Haus Holte unweit passierend kommen wir zum befahrenen **Harpener Hellweg** und biegen links ein. Der Hellweg markiert in diesem Abschnitt die Grenze zwischen Dortmund

und Bochum. Am Rand von Holte folgen wir den Kurven der Straße aufwärts; bald bringt uns rechts die **Limbeckstraße** hinter wenigen Häusern in die Felder von Bochum-Werne. Etwa da, wo dann rechts die Zufahrt zum Hof Schulte Limbeck abzweigt, nehmen wir links einen unbefestigten Feldweg (zuerst nur Traktorfahrspuren), der ein Stück parallel zur Straße, dann links am Wäldchen entlang im Bogen zurück nach Dortmund und zum Schluss am Friedhof vorbei zur **Provinzialstraße** (B 234) nach **Lütgendortmund** führt. Gegenüber in die **Kaubomstraße** und an der nächsten Kreuzung rechts in die **Limbecker Straße** (eine Weile mit Wanderzeichen „Pilgermuschel", das uns auch zuvor schon begegnet ist).

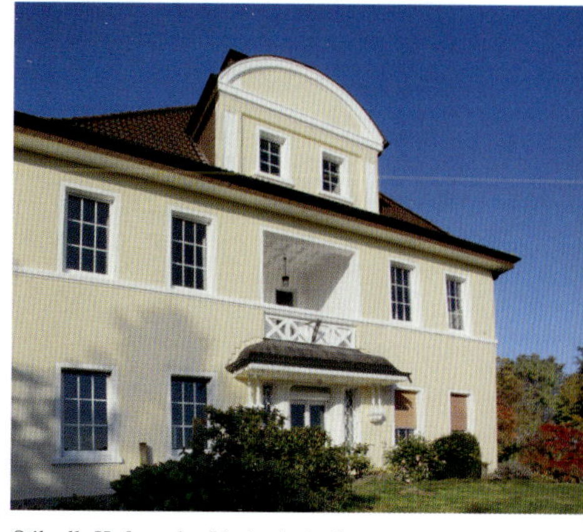

Stilvoll: Hof an der Limbeckstraße

i

Der Stadtbezirk Lütgendortmund mit den Stadtteilen Bövinghausen, Westrich, Marten, Oespel, Somborn, Kley und natürlich Lütgendortmund hat sich den Slogan „Alles westens" zu eigen gemacht. Lütgendortmund Dorf wurde um 1150 erstmals erwähnt und hieß schon damals „Kleines Dortmund". Im Ortskern die beiden Kirchen: die katholische St. Maria Magdalena-Kirche, 1891/92 errichtet, mit vier spätmittelalterlichen Holzskulpturen der Evangelisten, und die evangelische Bartholomäus-Kirche mit ihrer berühmten Orgel. Mittelpunkt von Lütgendortmund sind die Limbecker Straße als Einkaufsmeile und der Heinrich-Sondermann-Platz.

Auf der **Limbecker Straße** durchqueren wir das Ortszentrum, sehen erst die katholische Kirche und kommen auf der **Theresenstraße** an der evangelischen Kirche vorbei. Die „Pilgermu-

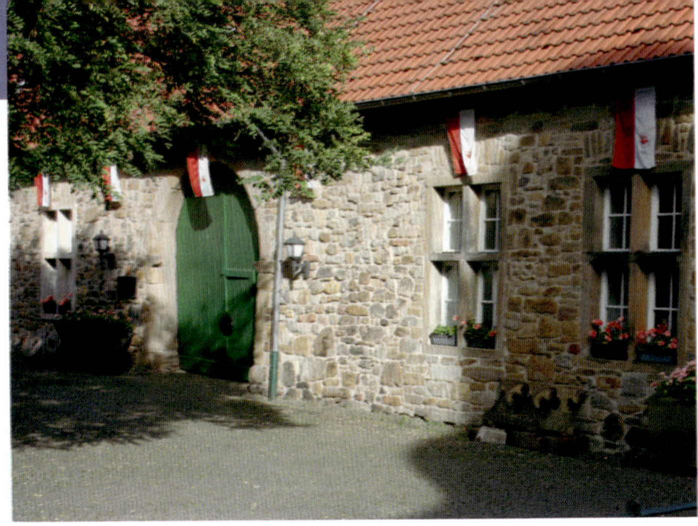

Haus Dellwig beherbergt ein Heimatmuseum

schel“ führt uns zum Friedhof und über ihn hinweg zur **Idastraße**. Hier biegen wir nach links, und ist dann die **Martener Straße** überquert, wird anschließend die Bahnlinie unterquert, um kurz darauf zum schönen alten **Haus Dellwig** zu gelangen.

i Das kleine Wasserschloss Haus Dellwig in seiner Parkanlage wurde im Dreißigjährigen Krieg fast vollständig zerstört und in der Zeit von 1658 bis 1690 wieder neu aufgebaut. Das Herrenhaus mit den markanten Giebeln ist auch heute noch von einer Gräfte umgeben, während über dem Eingang im Portalturm nach wie vor das Wappen der einstigen Besitzer prangt. Der ehemalige Rittersitz wird von einem landwirtschaftlichen Betrieb genutzt, offen steht den Besuchern aber die Vorburg mit dem Heimatmuseum.

Wir lassen Haus Dellwig hinter uns und nehmen (ohne die Markierung) den frontalen Zugangsweg hinüber zur **Dellwiger Straße**. Es geht nach links, über die Kreuzung hinweg und geradeaus in den Fußweg, von dem wir wenig später rechts (nun mehreren Wanderzeichen und dem Emscher-Park-Radweg nach) in den Wald im Naturschutzgebiet Dellwiger Bach kommen. Der Weg zieht geradeaus durch den Forst und vorbei an einem kleinen Teich. Kurz darauf biegen wir rechts ab, nutzen die kleine Brücke über den Bach und gelangen aufwärts in parkartig gestaltete Umgebung. Sogar die einstige Abraumhalde von Zollern konnte in die Natur integriert werden. Weiter bergan bis zu einer kleinen Querstraße, der es rechts zu folgen gilt. Sie geht über in die Straße **Rhaderweg** mit den schönen alten Zechenhäusern, und rechts weiter ist der **Grubenweg** an der **Zeche Zollern** schnell erreicht. Es ist schon ein Erlebnis, die wunderschöne Anlage zu erkunden, in deren ehemaligen Pferdestall eine Gaststätte eingezogen ist.

Seit Anfang der 1980er-Jahre Standort des Westfälischen Industriemuseums, vermittelt auf Zollern u. a. eine Dauerausstellung seit 1999 Einblicke in die Lebenswelt der Bergarbeiterfamilien. Und auch Kinder haben ihren Spaß: Außer einem Spielplatz gibt es einen Unter-Tage-Erlebnisraum („Kinder-Keller"), und in speziellen Führungen können sich die Kleinen auf die Spuren von Berglehrling Franz begeben. Viele tausend Besucher im Jahr kommen, und kaum einer lässt sich den tollen Blick vom Fördergerüst entgehen.

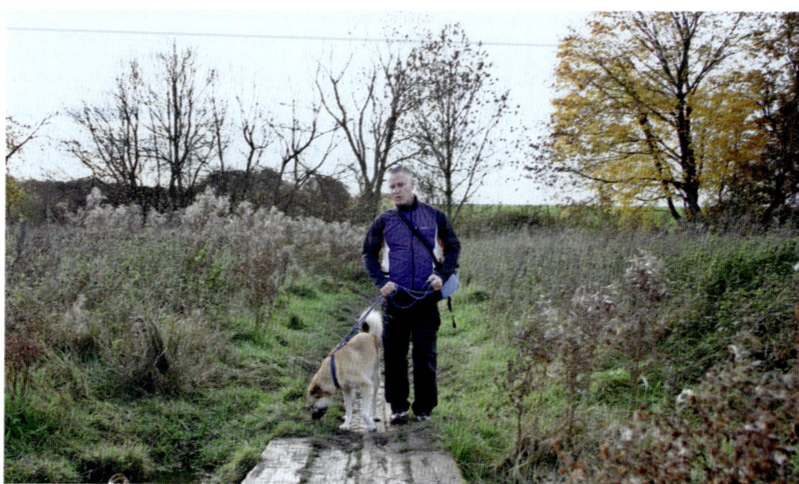

Unterwegs in Bövinghausen

Tour 19

Rund um Brechten

Brechten mit seinem malerischen Ortskern ist einer der nördlichsten Zipfel von Dortmund. Hier grenzt die Stadt an Lünen, und Datteln-Hamm-Kanal und Lippe sind nicht weit weg. Das bäuerliche Umland, durchsetzt mit kleinen Waldzonen, erinnert schon an das nahe Münsterland. Südlich von Brechten streifen wir dann den Dortmunder Stadtwald.

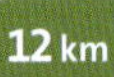

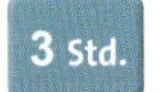

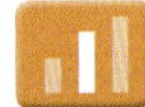
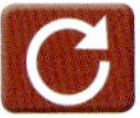

Start u. Ziel:
Widumer Platz

Bus/Bahn:
U 42 von Dortmund Zentrum bis Haltestelle „Schulte Rödding", dann Bus 414 bis Brechten „Widumer Platz"

Wegbeschaffenheit:
kleine Straßen, einige unbefestigte Waldabschnitte, nur leichtes Auf und Ab; für Kinder geeignet

Wegbeschreibung

Wir starten mitten im historischen Zentrum von **Brechten**. Wäre der kleine Ort nicht so dicht an der Autobahn, er könnte kaum idyllischer sein. Im Kern des alten Dorfes stehen noch etliche reizvolle Fachwerkhäuser an der **St.-Johann-Baptist-Kirche**, und sicher bleibt niemand ungerührt beim Betreten der schönen Dorfkirche, die wie kaum eine zweite in Westfalen eine wunderbare Atmosphäre zu vermitteln vermag.

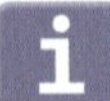

Die mittelalterliche Dorfkirche von Brechten umgibt ein Ring aus Fachwerkhäusern. Diese Widum genannte Umbauung stand unter dem speziellen Schutz der Kirche, dessen Bewohner dafür eine besondere Abgabe erbringen mussten. Die Dorfkirche ist zudem wegen ihrer sakralen Kunst einen Besuch wert. Manche der Fresken wurden erst Anfang der 1960er-Jahre wiederentdeckt. Damals kam bei Restaurierungsarbeiten die älteste Darstellung des Weltgerichts in Westfalen wieder zum Vorschein.

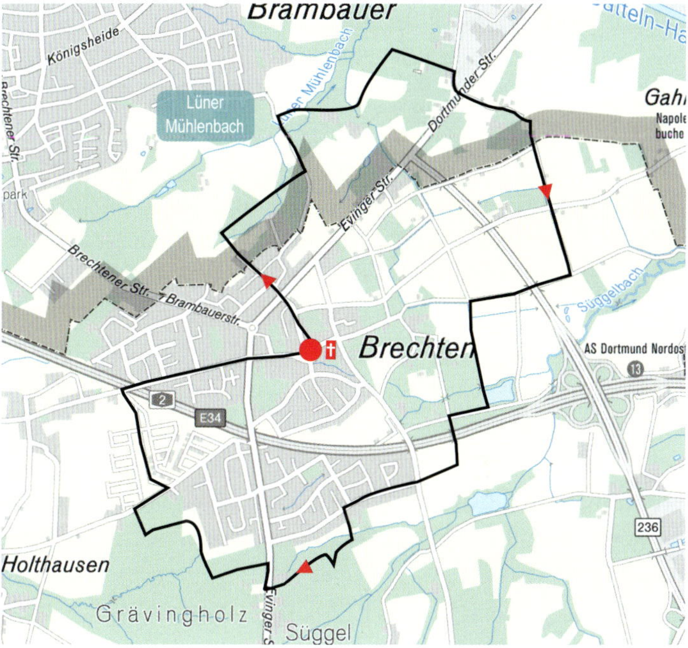

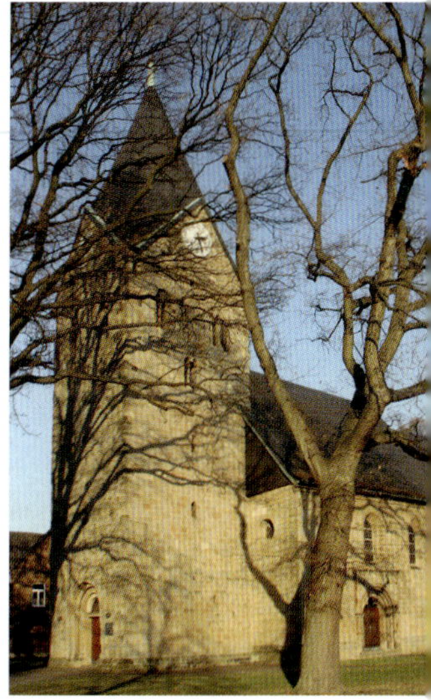

Dorfkirche in Brechten

Am **Widumer Platz** geht es in die Straße **Rauher Kamp**, die uns erst noch durch den Ort, dabei die große **Evinger Straße** kreuzend, dann geradeaus ins bäuerliche Umland und dabei über die Lüner Stadtgrenze führt. Vor einer kleinen Landstraße biegen wir am Waldstück gleich rechts ab durch den

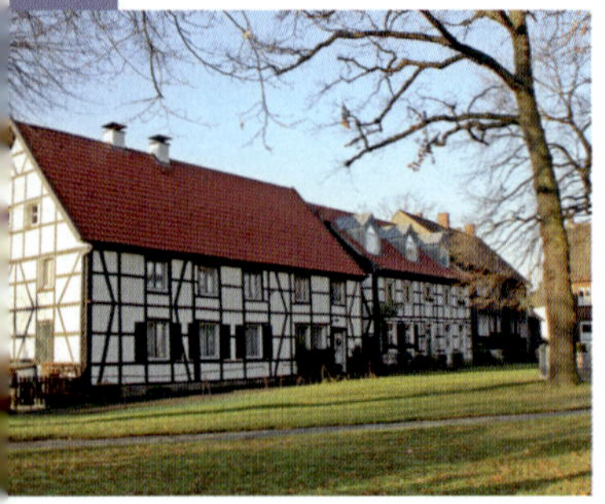

Brechten zeigt sich malerisch

Forst und erreichen am Ende ein querendes Sträßchen. Hier links; nach gut 300 Metern, am Rand einer Kleingartenanlage unweit von Lünen-Brambauer, erneut rechts (**Im Siepen**). Typisch für das nahe Münsterland zeigt sich auch hier schon die eher flache, von vielen kleinen Waldzonen aufgelockerte Feld- und Wiesenlandschaft. Wir überqueren den Lüner Mühlenbach und kommen wenig später vorbei an einem Hof. Dort zweigt an der Rechtskurve links ein Weg ab, dem wir folgen. An der nächsten kleinen Wegekreuzung (rund 500 m) rechts weiter am Waldrand entlang und zum Schluss hinüber zur Bundesstraße. Gegenüber in die **Hönninghauser Straße**, wo wir uns der Radweg-Beschilderung anschließen. Gegen Ende der Straße rechts verläuft die Route weiterhin durch bäuerliche Fluren und schon am nächsten querenden Weg zurück nach Dortmund. Geradeaus durch die Felder dem **Havelandsheck** nach und am Ende rechts (**Wülferichstraße**), jetzt länger dem Wanderzeichen „D im Kreis“ nach. So geht es bald durch die Unterführung der Bundesstraße (B 236) hindurch mit Blick Richtung Brechten; sind wir dann links abgebogen, steuern wir direkt auf die Autobahn 2 zu, die wir im Verlauf auch überqueren. Nicht weit weg ist hier der Oberlauf des Süggelbachs, in dessen Umgebung durch Bergsenkungen ein Feuchtgebiet mit großen Teichen entstand, das zum Lebensraum für Wasservögel aller Art geworden ist. Anschließend bringt uns „D im Kreis“ an den Ortsrand von Brechten. Der Stra-

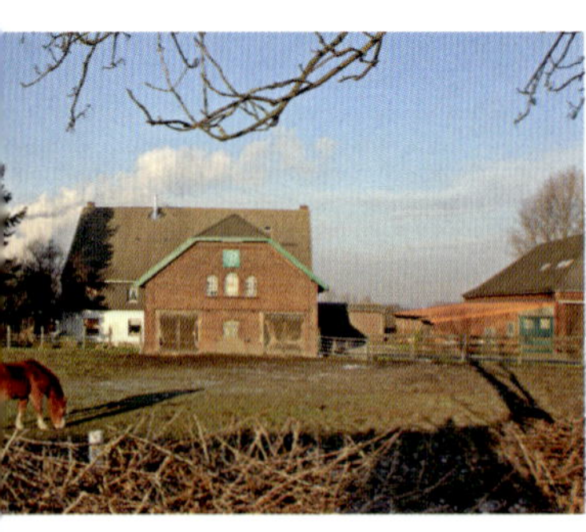

An der Hönninghauser Straße

ße **Am Gulloh** geradeaus nach, bis wir links Richtung **Stadtwald** geleitet werden.

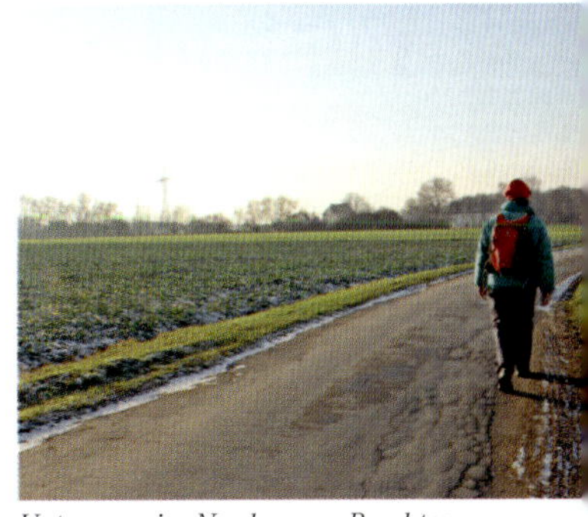

Unterwegs im Norden von Brechten

i Zwei große Forste erstrecken sich rechts und links der Evinger Straße: das Grävingholz im Westen und der Süggelwald im Osten. Letzterer gehörte den Bauern, die dort im Herbst ihre Schweine (niederdeutsch „Süggel“) mästeten. Von den langgestreckten Tälern des Süggelbachs und des Gullohbachs durchbrochen, zeigt sich dieser Teil des Stadtwalds sehr viel hügeliger und teils urwüchsiger als sein Nachbar; inzwischen gibt es dort ein Damwildgehege. Im Grävingholz (dem „Dachswald“, mit Baumlehrpfad) gingen die Grafen von Dortmund einst auf die Jagd, und auf breiten, ebenen Waldwegen lässt es sich gemütlich durch den Laubwald spazieren.

Mit „D im Kreis“ über den Gullohbach hinweg hinein in den **Süggelwald**. Nicht lange danach leitet die Markierung nach rechts. So erreichen wir nach rund 500 Metern am Waldheim Reinoldi, das nach dem Krieg „Evangelisches Ausbildungsheim für berufsschwache Mädchen“ war, die **Evinger Straße**. Nun ein Stück nach rechts, bis es links durch den Wald des Grävingholzes geht. Anschließend treffen wir auf die **Wittichstraße** am Rand des Neubaugebietes Brechtener Heide. Brechten hat sich zu einem beliebten Wohnort für all diejenigen entwickelt, die in urbaneren Stadtteilen wie z. B. dem nahen Eving arbeiten, aber das ländliche Ambiente suchen. Wir wenden uns rechts in die **Wittichstraße** (ohne „D im Kreis“) und von dort links in die **Brechtener Heide**. Am Ende kurz vor der Autobahn rechts einbiegen und mit der Straße **Schiffhorst** - die A2 überquerend - auf direktem Weg weiter in die Ortsmitte.

Von Kurl nach Lanstrop

Im Nordosten, wo sich die sanfte Hügellandschaft sowohl ländlich als auch unverkennbar vom Bergbau geprägt zeigt, besteigen wir den Aussichtspunkt „Greveler Alpen“, sehen uns das Lanstroper Ei an – Dortmunds bekanntesten Wasserturm –, entdecken den kleinen Lanstroper See und das alte Haus Wenge und kommen durch den Kurler Busch zurück.

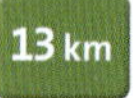

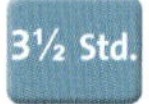

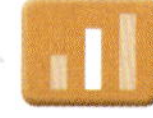
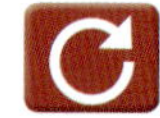

Start u. Ziel:
Bahnhof Dortmund-Kurl, Mühlackerstraße

Bus/Bahn:
versch. Regionalbahnen zum Bahnhof Kurl

Wegbeschaffenheit:
versch. Untergründe: Schotter- und Waldwege, sowie kleine Straßen und Gehwege, ein kleiner Aufstieg; für Kinder geeignet

Wegbeschreibung

Start ist am schön restaurierten **Bahnhof** von **Kurl**. Das heute nur noch als Durchgang zu den Gleisen genutzte Gebäude stammt von 1908. 1847 ging die Cöln-Mindener Eisenbahn in Betrieb, doch der erste Bahnhof entstand in Kurl erst 1886 an der Südseite der Bahngleise und ist nun ein Wohnhaus. Von hieraus links der **Mühlackerstraße** nach, dann an der **Kurler Straße** schräg gegenüber zur Kirche St. Johannes Baptista, die 2004 saniert und renoviert wurde (**Werimboldstraße**). Wo die kleine Straße gleich darauf den Bach kreuzt, geht rechts ein Fußweg ab, den wir einschlagen. Rechter Hand sieht man zu den Anlagen am alten Haus Kurl. Der Weg folgt dem Verlauf des

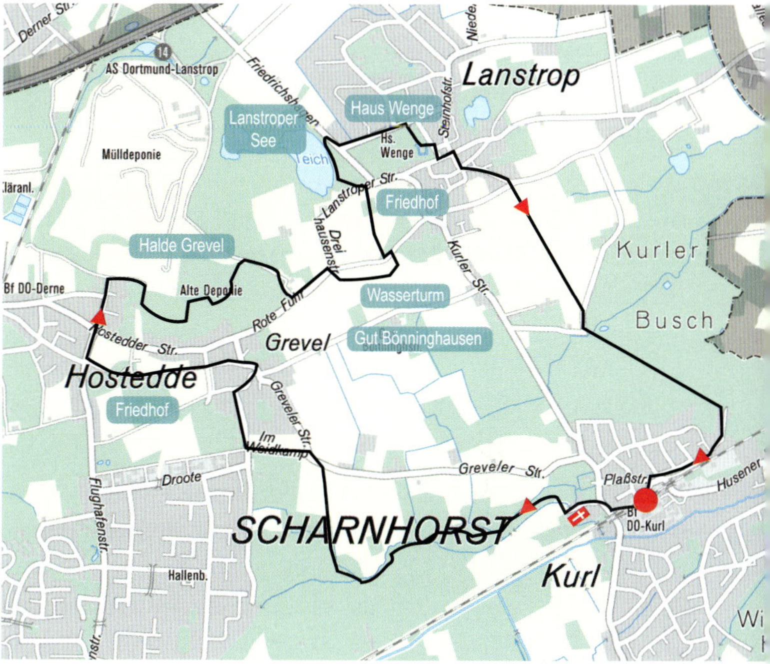

Baches Alte Körne, mal im Wald, mal durch offene Landschaft. Dann treffen wir mit Blick auf Scharnhorst auf einen Querweg, biegen rechts ein und kommen kurz darauf wieder rechts entlang eines kanalisierten Baches auf schnurgeradem Weg zur **Greveler Straße**, der wir links nachgehen.

Danach links (**Im Weidkamp**), rechts (**Werzenkamp**) und erneut rechts (**Leveringstraße**) hinein ins Örtchen **Grevel**. Es besteht seit über 800 Jahren, hat eine sehenswerte alte Mühle und über 130 Jahre alte Fachwerkhäuser im Ortskern. Dort halten wir uns an der **Greveler Straße** links, kommen gleich

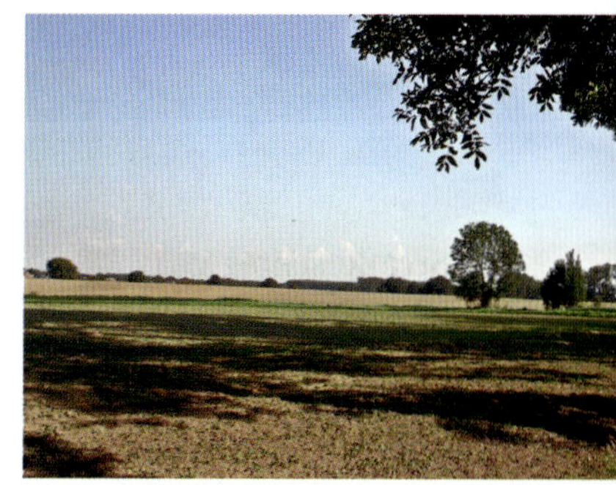

Zwischen Lanstrop und Kurl

darauf in die Straße **In der Liethe** und verlassen Grevel schon wieder. Am Friedhof vorbei zur **Flughafenstraße**, deren Name aus der Zeit stammt, als der Flughafen noch in Brackel war. Vor uns die Kirche des Derner Ortsteils Hostedde.

i Die Zeche Gneisenau in Derne, auf der von 1886 an gefördert wurde, spielte eine wichtige Rolle für die Region. Gneisenau übernahm später die Bergwerke Scharnhorst, Kurl und Victoria (in Lünen) wie auch Schacht Grevel, der schon seit 1931 zu Gneisenau gehörte und als Wetterschacht eingesetzt wurde. 1970 war sie förderstärkste Zeche des Reviers, deren Kokerei von 1890 noch bis 1989 betrieben wurde. Bereits 1985 aber verlegte man die Förderung nach Lünen (Zeche Haus Aden), und eine Epoche ging zu Ende.

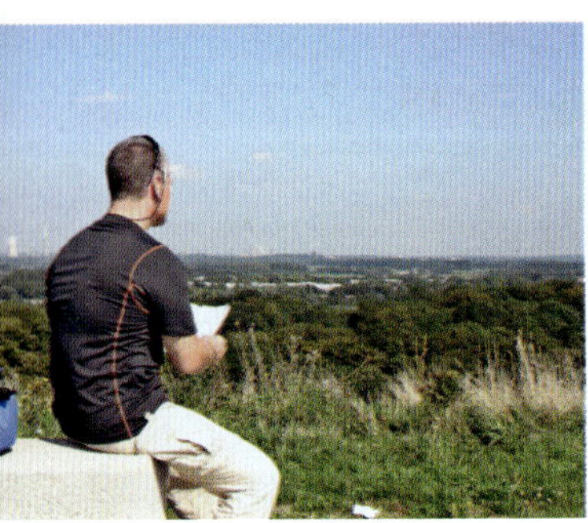

Ausblick von der Halde Grevel

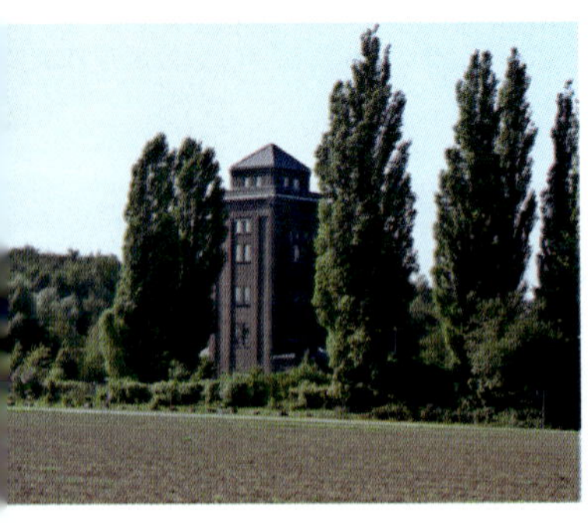

Luftschacht „Rote Fuhr"

Rechts der **Flughafenstraße** nach, wandern wir am Rand von Hostedde und über die **Tettenbachstraße** zum Fuß der „Greveler Alpen". Die frühere Mülldeponie (60 m hoch) wurde in den 1960er-Jahren angelegt, bis 1994 genutzt, ist inzwischen begrünt und trägt auch den Spitznamen „Greveler Alm". Im Inneren saugen Pumpen das Deponiegas zur Stromerzeugung ab. Das Wegenetz von rund 4,5 Kilometern und die weite Sicht ins südliche Münsterland, u. a. auf Schloss Cappenberg, fordern unbedingt zu einer Besteigung heraus. Wir genießen den tollen Blick von der Halde weit über Dortmund mit dem „Florian", sehen im Nordosten die Halde Großes Holz in

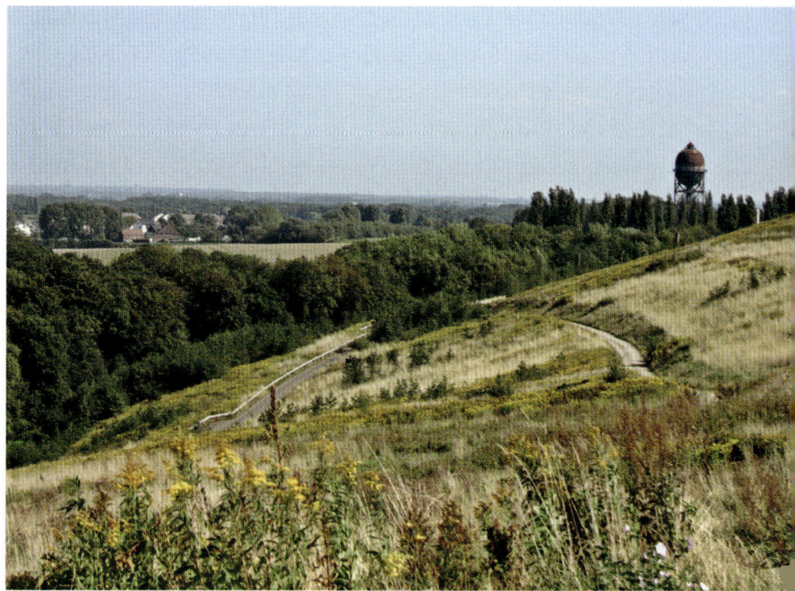

Blick zum „Lanstroper Ei“ von der Halde Grevel

Bergkamen und auch schon das nächste Ziel: das sogenannte Lanstroper Ei. Woher der Wasserturm seinen Namen hat, ist nicht schwer zu erschließen. Nach dem Abstieg passieren wir an der Straße **Rote Fuhr** den alten Wetterschacht Grevel, der als Schulungs- und Bildungszentrum genutzt wird mit Schwerpunkt „Ökologischer Garten- und Landschaftsbau“. Am mächtigen Backsteinturm erläutert heute eine Info-Tafel seine frühere Funktion. Nun kurz links ein Stück der Landstraße entlang, dann rechts hinüber zum **Wasserturm**.

i

Das knapp 60 Meter hohe „Lanstroper Ei“ von 1904/05 steht auf einer kleinen Anhöhe und war bis 1980 für Hostedde, Grevel, Lanstrop und die umliegenden Zechen zuständig. Seit 1997 gibt es einen Förderverein, der sich für den Erhalt des markanten Turms mit dem 18 Meter hohen und 15 Meter breiten Wassertank einsetzt. Ende 2007 kaufte ihn die Stadt Dortmund, und nun soll er ab 2013 restauriert werden und bis 2014 fertig sein.

Von der kleinen Anhöhe hat man wiederum schöne Sicht Richtung Süden, über Asseln und Wickede hinweg bis zum Flughafen. Dem Sträßchen bis zum Ende folgen, dann links in die Landstraße (**Rote Fuhr**) und gleich darauf rechts in die Felder abbiegen, bald am Friedhof vorbei zur **Lanstroper Straße**. Gegenüber beginnt das Naturschutzgebiet Lanstroper See und dorthin geht es nun. Der **Lanstroper See** bildete sich infolge einer bis zu 9 Meter tiefen Bergsenkung, die in den 1960er-Jahren entstand und sich mit Grundwasser füllte. Inzwischen ist es ein kleines Paradies für Flora und Fauna, seit 1990 eingebettet in ein 73 Hektar großes Naturschutzgebiet.

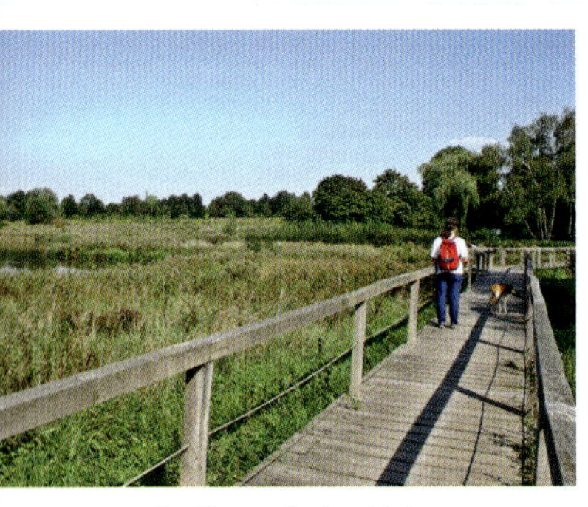

Im Naturschutzgebiet Lanstroper See

Wir nehmen den flachen Uferweg, der rechts neben dem stillen Gewässer vorbeizieht, bis der Fußweg an der Straße **Friedrichshagen** endet. Gegenüber kommen wir in die **Schafstallstraße** und vorbei an der Kleingartenanlage hinein nach **Lanstrop**. Den kleinen Ort findet man erstmals im 13. Jahrhundert in Urkunden genannt. Er grenzt heute im Norden an Lünen und hatte mit dem Schriftsteller Max von der Grün von 1963 bis zu seinem Tod (2005) einen berühmten Einwohner. Wir werden uns hier das in einer weitläufigen öffentlichen Parkanlage gelegene **Haus Wenge** ansehen. Rechts in den Park eintretend, spazieren wir vor dem einstigen Herrenhaus mit den hübschen Fensterläden links vorbei und kommen zur **Alekestraße**.

i

Die alte Wasserburg Haus Wenge ist das einzige in Dortmund erhaltene Adelshaus mit gotischen Formen: einem Staffelgiebel in Backstein und Steinkreuzfenstern. Zu entdecken sind auch angebaute Seitentürmchen und ein kleiner Dachreiter. Eine weitere Besonderheit: der älteste freitragende Dachstuhl Westfalens. Das Haus wurde 1598 durch die Spanier zerstört, aber in alter Form wieder aufgebaut und gehört seit 1952 der Stadt. Auch noch interessant: Die Vorfahren des verstorbenen ehemaligen Bundeswirtschaftsministers Otto Graf Lambsdorff hatten im 14. Jahrhundert im späteren Haus Wenge ihren Sitz.

Rechts der **Alekestraße** nach, dann links in die **Lanstroper Straße** (ab jetzt mit Wanderzeichen „D im Kreis"). Über die **Bremsstraße** und die **Kippstraße** wird Lanstrop, das inzwischen kaum noch dörflich wirkt, verlassen. Am Ende der Bebauung auf einem schnurgeraden Weg durch die Felder hinüber zum **Kurler Busch**, der sich an der Grenze zu Kamen erstreckt. Mit einer Ausdehnung von 200 Hektar ist er das größte zusammenhängende Naturschutzgebiet Dortmunds, und so dürfen sich Kurl und sein benachbarter Stadtteil Husen als „Waldgemeinden" bezeichnen.

i

Ursprünglich war Kurl (1189 erstmals urkundlich erwähnt) ein Herrensitz am Körnebach (Haus Kurl), und noch bis Mitte des 19. Jahrhunderts bestand es aus weniger als 20 Haushalten. Erst mit der Zeche Kurl (auf Husener Grund, stillgelegt 1931) kam es, wie auch in Husen, zu größeren, sich entwickelnden Strukturen.

„D im Kreis" führt uns rechts am Waldrand entlang und dann links in den Wald. Der Weg zieht sich geradeaus durch den Wald, und kurz vor seinem Ende biegen wir rechts ab (**Tiewinkel**, ohne Wanderzeichen), um anschließend erneut rechts entlang der Bahnstrecke zurück zum Bahnhof zu gelangen.

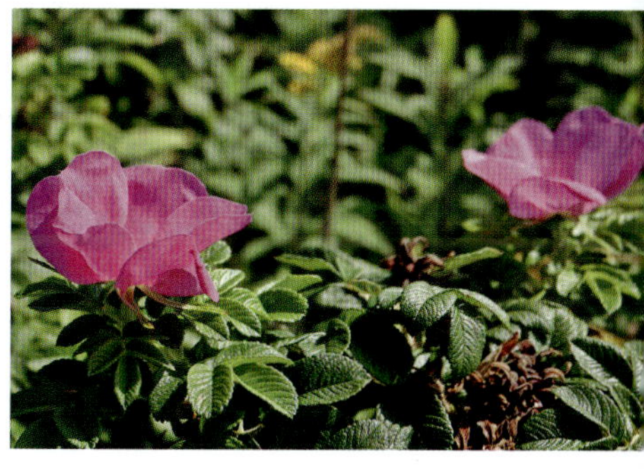

Hübscher Blickfang am Wegesrand

Tour 21

Nach Wickede und Asseln

Die Route verbindet im Osten von Dortmund die früheren Hellwegdörfer Wickede und Asseln. Dabei kommen wir durch Husen und in die ländlich geprägte Hellweghochebene, schauen den Flugzeugen am Flughafen hinterher und entdecken am Hellweg, der alten, wichtigen Handelsstraße, zwei sehenswerte Kirchen.

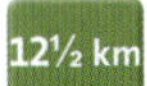

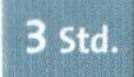

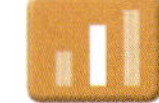
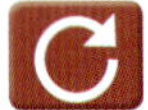

Start u. Ziel:
Wickeder Hellweg/Steinwegplatz

Bus/Bahn:
U 43 bis Haltestelle „Bockumweg“

Wegbeschaffenheit:
befestigte Wege und Nebenstraßen; wenige Abschnitte unbefestigt; für Kinder geeignet

Wegbeschreibung

Am **Steinwegplatz** überqueren wir den **Wickeder Hellweg** und folgen der **Binnerstraße** vom Zentrum weg zur Straße **Pleckenbrink**, der wir links nachgehen. Bald leitet uns auf dem Pleckenbrink Wanderzeichen „Kreis“; erst vorbei an der Kleingartenanlage, wenig später rechts in den **Sprickmannweg** und von dort links aus der Bebauung heraus.

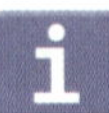

Wickede wird im Norden von Kamen begrenzt, im Osten von Unna, und im Süden schließt sich an den Flughafen die Stadt Holzwickede an. Wie bei allen Hellwegstadtteilen bildete sich das Zentrum mit den Geschäften überwiegend entlang der alten Handelsstraße, an der auch die evangelische Johanneskirche, eine romanische Sandsteinkirche aus dem Mittelalter, liegt, die als besonderes Kleinod gilt.

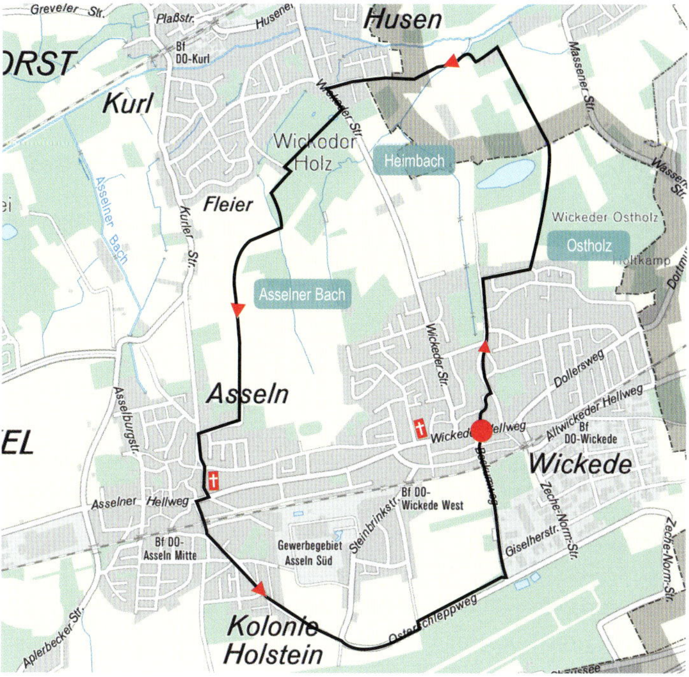

Wir durchwandern (immer mit „Kreis") die Felder der Hellweglandschaft und streifen dabei das Ostholz, hinter dem wir einen Querweg kreuzen. Nur gut einen Kilometer entfernt liegt rechter Hand die Stadtgrenze zu Unna (unweit der Landesstelle Unna-Massen, ehemals Aufnahmestelle für Asylsuchende und Einwanderer). Der nachfolgende Querweg markiert da-

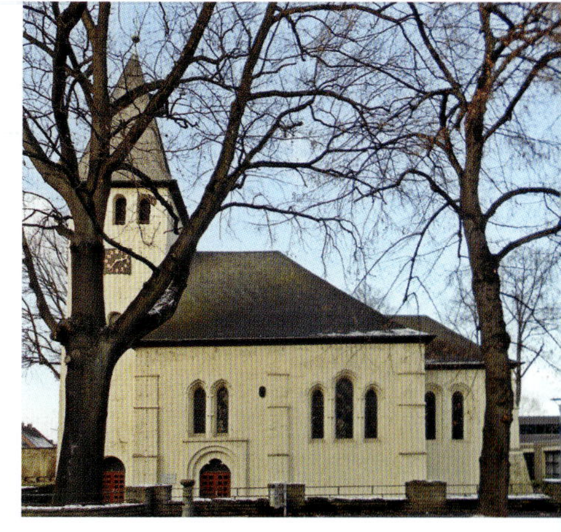

Johanneskirche in Wickede

gegen hier die Grenze zu Kamen, die wir nun überschreiten. Wenig später biegen wir links („Kreis") in die **Wickeder Straße** ein. An der nächsten Gabelung rechts (**Lohheide**) wird kurz darauf der Heimbach überschritten, und in der Siedlung von **Husen** sind wir zurück in Dortmund.

i

Husen gehört zu den kleinen Stadtteilen, die sich erst vor 150 Jahren, als dort mit der Kohleförderung begonnen wurde, zu einem strukturierten Ort mit ansteigender Bevölkerung entwickelten. So findet man in Husen auch typische Bergmannshäuser. Die damalige Zeche Kurl an der Husener Straße förderte von 1861 bis 1931.

Von der Straße **Lohheide** kommen wir über die **Wickeder Straße** ins Wickeder Holz und wandern Richtung Süden durch das kleine Waldgebiet („Kreis" und „D im Kreis"). Danach steuern wir durch die Felderlandschaft Asseln an, biegen bei den ersten Häusern rechts (nur noch mit „D im Kreis") und am Ende vom **Ostenschleifweg** links ein (**Am Hagedorn**) und gelangen so ins Zentrum von **Asseln**. Der Ort hat sich einiges vom einstigen Hellwegdorf bewahrt, auch wenn es nur noch wenige bäuerliche Betriebe gibt. Am **Asselner Hellweg** steht die sehenswerte Lutherkirche. Sie wurde im Krieg beschädigt, verbindet aber nach ihrer Wiederherstellung wie zuvor Turm und Chor der mittelalterlichen Vorgängerkirche mit dem bis 1906 errichteten Neubau. Anfang der 1980er-Jahre erfolgte die Restaurierung der kunsthistorisch interessanten Innenausstattung. Am **Hellweg** sich kurz rechts haltend, geht es links in die **Donnerstraße**; wir unterqueren die S-Bahn-Strecke und wenden uns wenig später links in den **Briefsweg** (ohne Wanderzeichen). Am Briefsweg war einst die Zeche Holstein zu finden, auf der von 1877 bis zur Stilllegung 1928 gefördert wurde. Einige wenige Betriebsgebäude blieben dank neuer Nutzung erhalten. Wir kommen vorbei an der **Kolonie Holstein**, die am Briefsweg (u. a. auch Distelbrinkstraße/In den Ostgärten) errichtet wurde.

Die denkmalgeschützte Kolonie Holstein von 1906 mit 28 Vierfamilienhäusern und Steigerhaus grenzte unmittelbar an das sich nördlich ausbreitende Zechengelände an und wirkt noch heute in sich geschlossen. Die Stadt wollte in den 1970er-Jahren die Siedlung abreißen lassen, was am Widerstand der Bewohner scheiterte. In der Straße An den Rühlen entstanden in den Jahren 1920/21 noch einmal 10 Steiger- und 22 Arbeiterwohnungen, und südlich daran anschließend errichtete man 1923

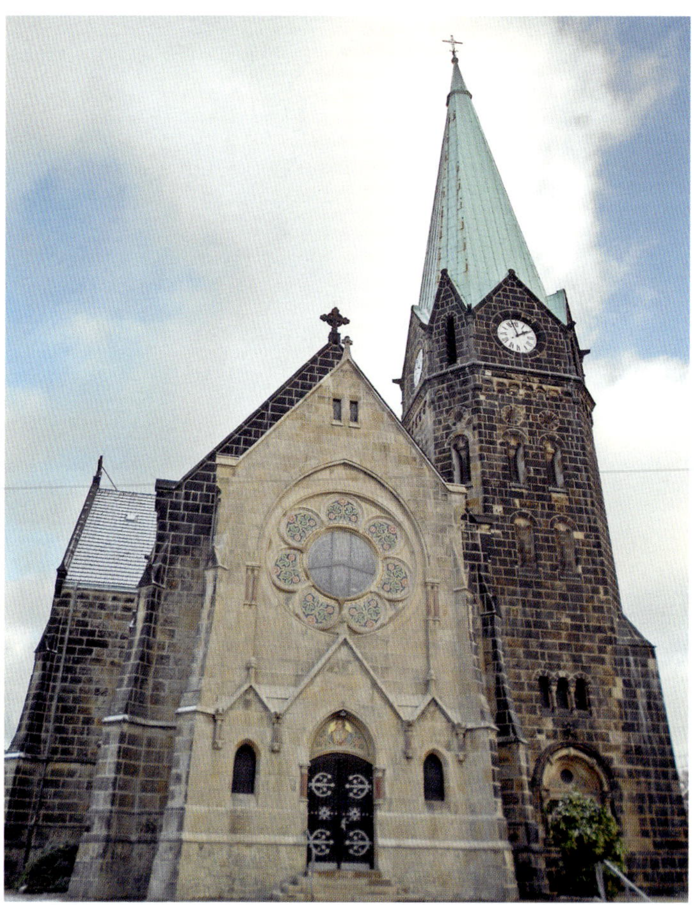

Die Lutherkirche in Asseln

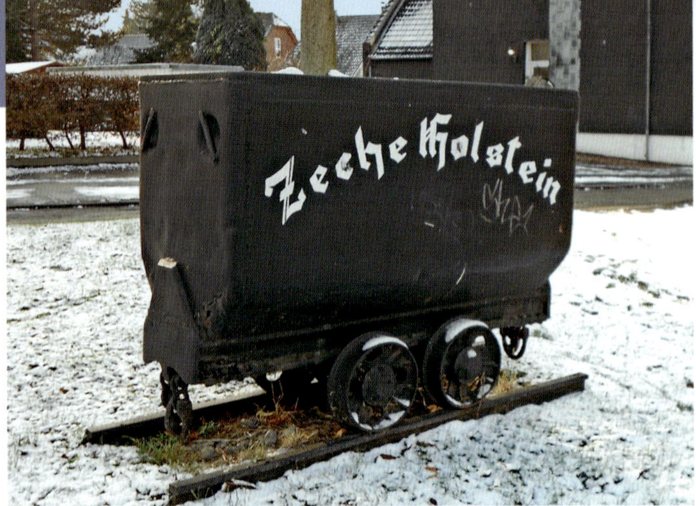

In der Kolonie Holstein, Asseln

mehrere Zwei- und Vierfamilienhäuser, die durch ihre Fassaden im Stil des Neo-Biedermeiers auffallen.

Der **Briefsweg** geht über in die Straße **Osterschleppweg**, die am **Flughafengelände** vorbeiführt, so dass wir unterwegs ein bisschen den Flugzeugen beim Starten und Landen zusehen können.

i Der Dortmunder Flughafen kam 1960 nach Wickede, zählt zu den modernsten in Europa und ist ein wichtiger Baustein für den Wirtschaftsstandort Dortmund und die gesamte Region, gerade auch im Hinblick auf den noch nicht abgeschlossenen Strukturwandel. Im Jahr 2000 wurde die Rollbahn auf zwei Kilometer verlängert.

Vom **Osterschleppweg** links abbiegen (**Langschedestraße**) und gleich wieder rechts dem Weg nach parallel zur Straße durch die offene Landschaft. Am Ende links in die Straße **Fränkischer Friedhof**. Sie geht kurz vor der Bahnlinie über in den **Bockumweg**, der zurück zum **Steinwegplatz** zieht. Wer vor der Rückfahrt noch etwas Zeit hat, könnte die sehenswerte Johanneskirche besuchen, die am Hellweg ein Stück Richtung Asseln steht.

Sölde und das Sölder Holz

Viel ländliche Atmosphäre mit schöner Feldflur und alten Buchenhochwäldern erwartet uns im Südosten der Stadt. Im Übergang zum Haarstrang kommen wir zum Quellhof der Emscher, wandern durch das Sölder Holz und den Aplerbecker Wald und entlang der Emscher zurück nach Sölde.

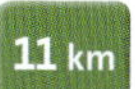

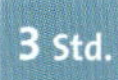

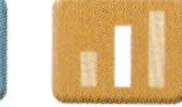
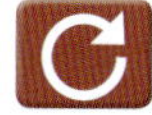

Start u. Ziel:
Haus Sölde, Ruthgerusstraße

Bus/Bahn:
Regionalbahn 59 bis Bahnhof Sölde und der Sölder Straße in den Ort folgen

Wegbeschaffenheit:
befestigte Wege und Straßen; ein deutlicher Anstieg hinauf nach Lichtendorf; für Kinder geeignet

Wegbeschreibung

Start ist am **Haus Sölde**. Die heute vorhandene Anlage mit dem neogotischen Wohnhaus aus der Mitte des 19. Jahrhunderts wurde inzwischen zu Wohnungen umgestaltet und ist städtisches Baudenkmal.

i

Das Dorf Sölde begründet sich auf ein paar Bauernhöfe, die sich einst um ein Rittergut des 13. Jahrhunderts angesiedelt hatten, auf das Haus Sölde zurückgeht; 1841 kaufte Caspar H. Neuhoff, genannt Schulze-Dellwig, das Gut, zu dem elf Höfe und Kotten gehörten; es wurde bis in die 1980er-Jahre durch seine Nachfahren als landwirtschaftlicher Großbetrieb geführt. Einige sehenswerte alte Hofanlagen zeugen noch immer im heute rund 5800 Einwohner zählenden Sölde von der bäuerlichen Vergangenheit.

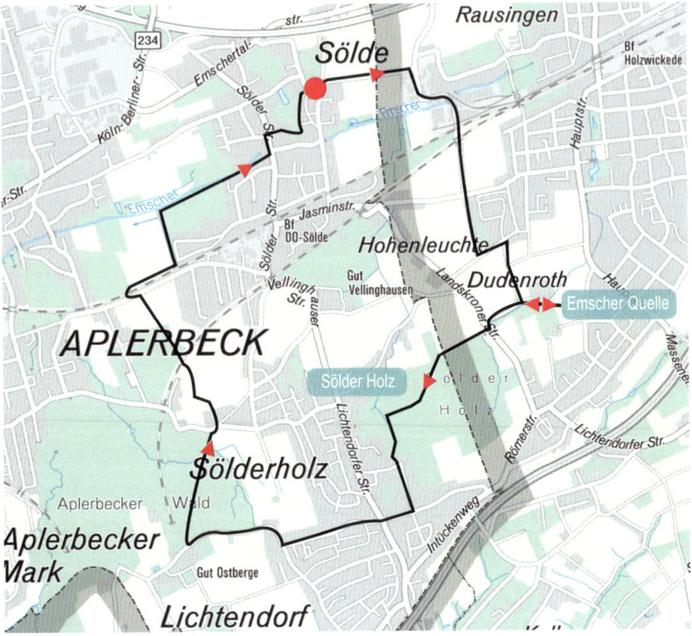

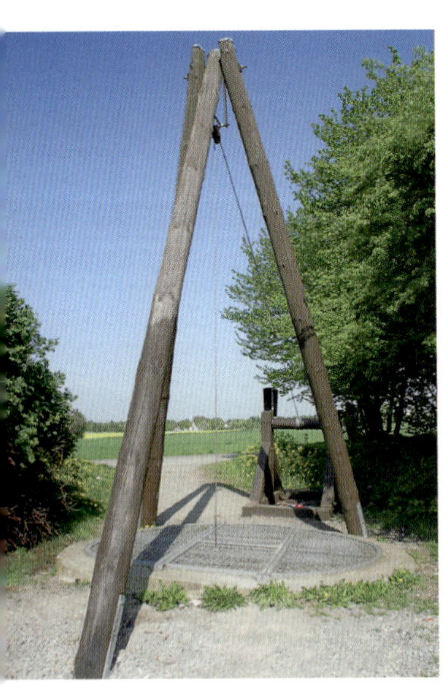

Am ehemaligen Wetterschacht

An der **Ruthgerusstraße** können wir uns sofort an Wanderzeichen „D im Kreis“ orientieren. Von dort links in die **Zeche-Freiberg-Straße**, queren wir die Straße Am Kapellenufer, an der sich auch ein Stück entfernt der Krumme Hof, ein unter Denkmalschutz stehendes Fachwerkhaus von 1797, befindet. Wir kommen hinein in die Felder, überschreiten die Grenze zu Holzwickede und sind im **Freiberger Weg**. Erneut ein Straßenname, der an die frühere Zeche Freiberg erinnert, die an dieser Stelle bis 1912 Kohle förderte und mehr als 500 Menschen Arbeit gab.

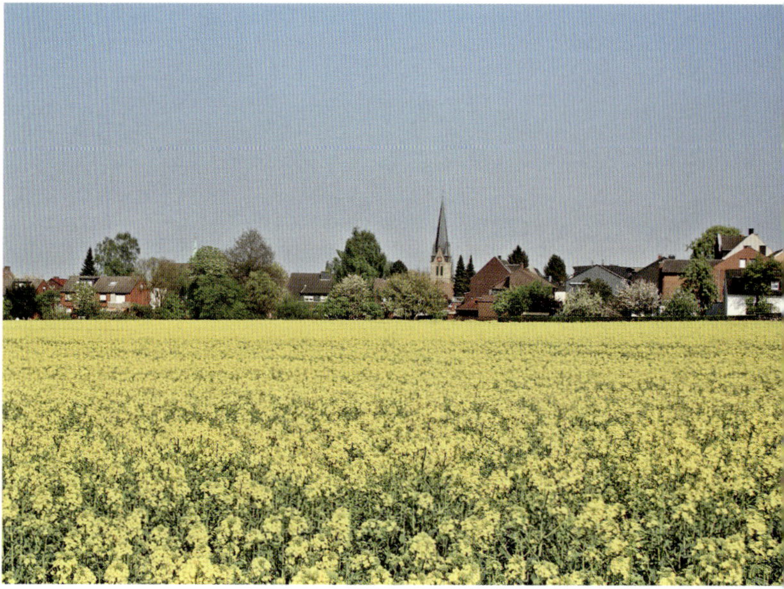

Ausblick Richtung Holzwickede

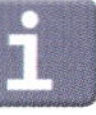

Bereits Mitte des 18. Jahrhunderts betrieb man in Sölde nachgewiesen ersten Stollen-Bergbau; die Zeche Margarethe an der Schlagbaumstraße wurde später wichtiger Arbeitgeber, doch schon 1926 legte man sie still. Nachdem Sölde 1929 überwiegend zu Dortmund eingemeindet worden war, vollzog sich in den 1960er-Jahren die Entwicklung hin zum Vorort.

Uns rechts haltend folgen wir „D im Kreis“ auf der **Schäferkampstraße** an den Betriebshallen vorbei und über die hier noch bachartige Emscher. Hinter der kleinen Unterführung der Bahn kommen wir zurück in die Felder. Der Asphaltweg steigt an, es geht nun vorbei am früheren Kasernengelände und von der **Margaretenstraße** mit Blick zur Kirche von Holzwickede rechts in den **Luftschachtweg**. Bald entdeckt man eine Infotafel, die den ehemaligen Wetterschacht der Zeche Vereinigte Margarethe erläutert. Anschließend unternehmen wir einen Abstecher zur **Emscherquelle**: dazu links in die **Quellenstraße**.

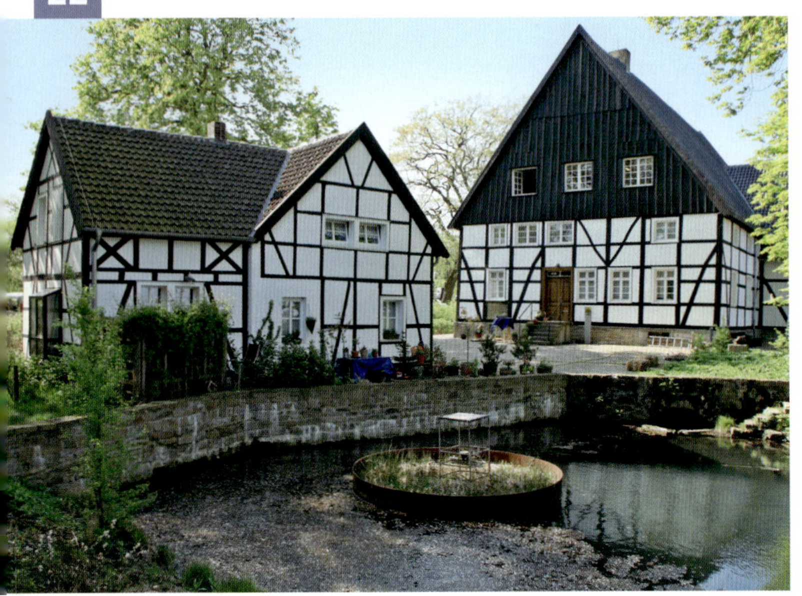

Der Emscherquellhof – ein schönes Ausflugsziel

i Als Quellhof der Emscher wird der unter Denkmalschutz stehende „Lünschermannshof“ von 1801 bezeichnet, ein schöner, 2005 von der Emschergenossenschaft umfassend sanierter Fachwerkhof mit musealen Strukturen zum „Lebenslauf“ der Emscher. Das eigentliche Quellgebiet liegt weiter südlich am Haarstrang auf 147 m ü. NN im Hixterwald, einem Teil des Sölder Holzes; dort speist sich die Emscher aus mehreren kleinen Rinnsalen, die im dichten Gehölz entspringen.

Wieder der **Quellenstraße** nach („D im Kreis“ folgend), geht es hinter der **Landskroner Straße** auf einem Schotterfeldweg und zwischen Waldrand und Feld nun erst einmal bergauf und hinein ins **Sölder Holz**, einem lauschigen Buchenhochwald, in dem wir zurück nach Dortmund kommen. Aus dem Wald heraus gelangen wir am Spielplatz in den **Dahlienweg** im Stadtteil Sölderholz, das sich als reines Wohngebiet zeigt. Am Ende rechts in die **Nelkenstraße**, sind wir wenig später oben an der Kreuzung angekommen und gehen geradeaus mit der **Eich-**

holzstraße am Rand von Lichtendorf entlang, das sich direkt an Sölderholz anschließt.

Am Ende der **Eichholzstraße** rechts in die **Ostberger Straße** (Markierung „S im Kreis"), die uns nach dem Linksbogen am Rand des **Aplerbecker Waldes** entlangführt. Dann biegen wir - unmarkiert - vor den ersten Gebäuden beim Tiercenter Lichtendorf (Gut Ostberge) rechts in den Forst und kommen weiter bergab immer demselben Weg nach durch den schönen alten Laubwald. Anschließend an der **Schwerter Straße** links, überqueren wir die Bahnlinie und wenden uns kurz darauf nach rechts in die fast unbebaute **Kortenstraße**. Am Friedhof vorbei (kurz mit „Kreis" markiert), weiter Richtung Hellweg-Bahn und auf die andere Seite der Trasse. Ohne Wanderzeichen direkt rechts in einen Rad- und Fußweg, der neben der Bahn verläuft und uns zum „Blumenviertel" von Sölde leitet. Wir halten uns links und nehmen ein Stück weiter an der Kurve der **Veilchenstraße** fast geradeaus bzw. links sofort wieder den Weg ins Grüne, der kurz darauf zur kleinen Emscher führt. Dort geht es rechts der Emscher entlang hinüber nach Sölde. Zum Schluss links in die **Sölder Straße**, rechts in die **Friesendorfstraße** und links zurück zum Haus Sölde.

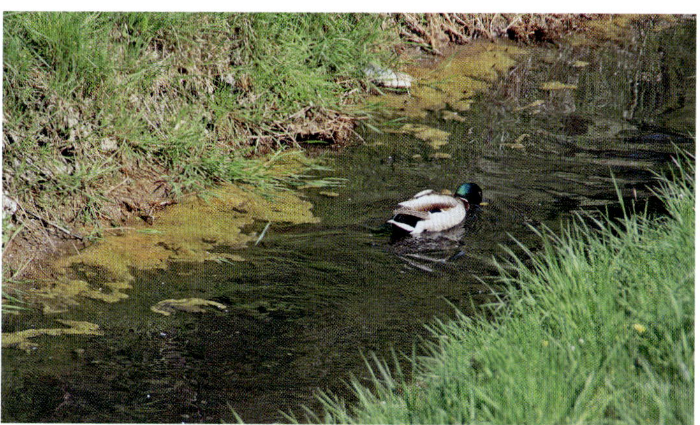

Bei Sölde ist die Emscher noch ganz schmal

Rund um die Aplerbecker Mark

An der Grenze zu Schwerte erwartet uns eine waldreiche Runde um die Aplerbecker Mark, die uns hinauf ins Ardeygebirge bringt. Durch den Aplerbecker Wald geht es auf den Kamm zum Gut Ostberge und anschließend hinüber in den Schwerter Wald. Zum Schluss folgen wir dem Lohbach durch den Forst an der Berghofer Mark wieder hinab.

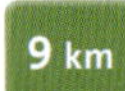

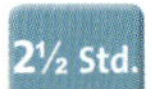

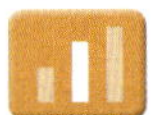
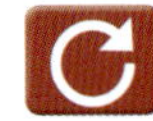
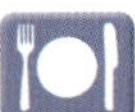

Start u. Ziel:
Parkplatz am Sportplatz (gegenüber der Straße Weidenkamp), Schwerter Straße

Bus/Bahn:
von Aplerbeck Zentrum Bus 431 bis Haltestelle „Aplerbecker Schulstraße", die Tour dort starten

Wegbeschaffenheit:
meist befestigte Wege, einige Waldwege sowie Straßen u. Gehwege; ein deutlicher Anstieg; für Kinder geeignet

Wegbeschreibung

Von der **Schwerter Straße** gelangen wir gleich in den **Aplerbecker Wald**. Zunächst noch ein Stück auf dem ebenen, autofreien Asphaltweg (**Aplerbecker Waldstraße**), geht es an der Gabelung links durch den alten Buchenhochwald. Der Weg steigt erst leicht, dann merklich an, und im Verlauf hört man vielleicht von links unterhalb ab und zu einen Zug vorbeifahren. Wenig später jedoch verschwindet die Bahnlinie in einem Tunnel. Für einen Moment wird es eben, und wir halten uns an einer großen Lichtung links. Einem dann wieder deutlich ansteigenden Asphaltweg nach, treffen wir schon fast auf dem Kamm am Tiercenter Lichtendorf auf die **Ostberger Straße**, die ihren Namen vom dortigen Gut Ostberge hat.

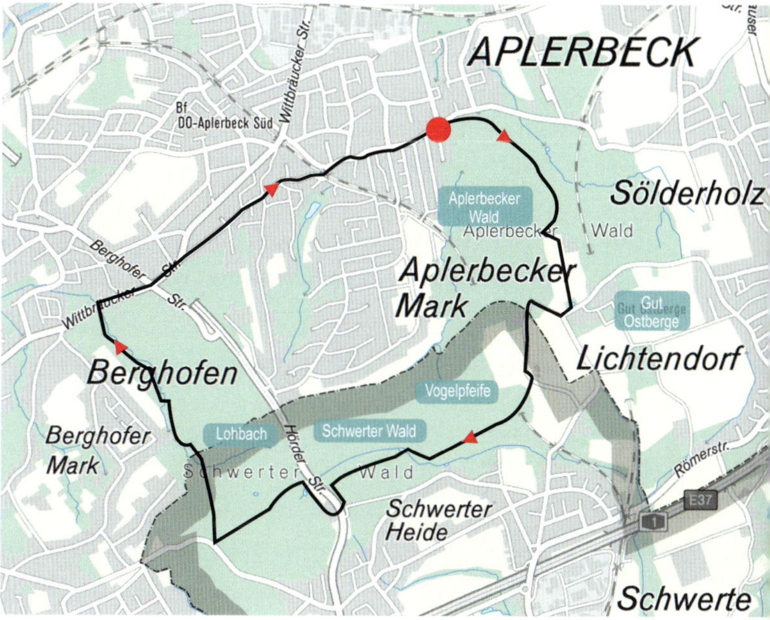

Mehr als 100 Hektar groß ist das seit 2005 bestehende Naturschutzgebiet Aplerbecker Wald. Es gehört mit dem im Süden anschließenden Schwerter Wald zu den wenigen noch verbliebenen Waldflächen des bis vor 150 Jahren beinahe vollständig bewaldeten Ardeygebirges. Über 100 Vogelarten sind inzwischen heimisch, und auch Reptilien und Amphibien finden an Bachläufen, Teichen und Tümpeln nahe der Waldränder gute Bedingungen. Schon seit 2002 ist die durch den Forst verlaufende Aplerbecker Waldstraße ganzjährig gesperrt.

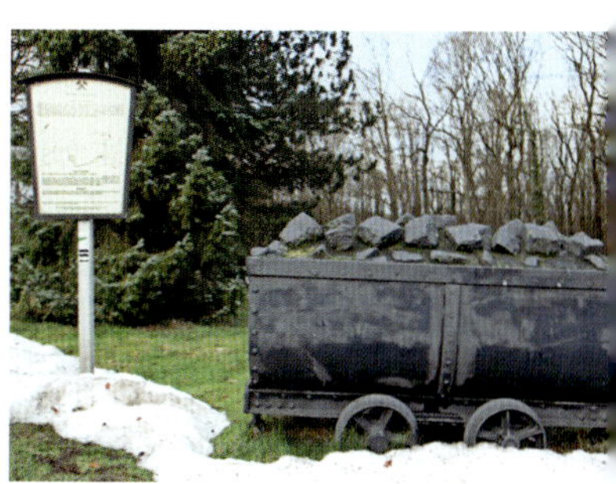

Im Wandergebiet Schwerter Wald

Jetzt rechts in die **Ostberger Straße**. Ab hier folgen wir Wanderzeichen „D im Kreis“. Gleich geht es vorbei an der Reithalle und in der anschließenden Kurve rechts hinüber in den Wald, den wir links haltend kurz darauf wieder verlassen. Dabei überschreiten wir die Grenze zu Schwerte und wandern durch die offene Feldflur mit Blickrichtung zum Schwerter Ruhrtal, das man aber nur erahnen kann. Am Ende des Feldes rechts in den **Mutter-Möller-Weg**, von dem wir gleich wieder links abbiegen. An der folgenden Gabelung rechts haltend (mit „D im Kreis"), geht es nun auf Waldwegen durch den hier „Vogelpfeife" genannten **Schwerter Wald**.

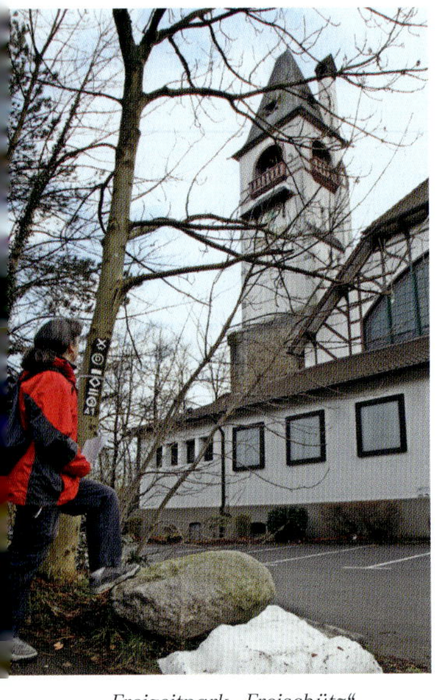
Freizeitpark „Freischütz"

i Der bei Wanderern beliebte Schwerter Wald liegt auf einem Rücken des Ardeygebirges und wird von Nord nach Süd von der B 236 geteilt. Auf der Höhe, bevor die Bundesstraße wieder abwärts ins Ruhrtal zieht, findet man anliegend die traditionsreiche Gaststätte „Freischütz". Sie wurde 1843 als Forsthaus erbaut, erhielt 1861 die Erlaubnis zum Alkoholausschank und wurde bald danach zu einem begehrten Ausflugsziel. Als 1899 eine Straßenbahnlinie eröffnet wurde, die aber seit 1971 nicht mehr fährt, zog es noch mehr Ausflügler hierher.

„D im Kreis" folgend, erreichen wir schließlich durch den Wald die **Hörder Straße** (B 236) und gelangen auf einer kleinen Brücke über die Bundesstraße hinweg zum **„Freischütz"**. Rechts weiter am Gasthaus vorbei zunächst mit „Doppelbalken" parallel zur Bundesstraße, dann links einem geraden, breiten Weg nach durch den Wald. Dabei könnte man bald rechts einen kleinen Abstecher zum stimmungsvollen Waldteich, dem Blauen See, unternehmen und auf Bänken eine Rast einlegen. Kurz nach diesem Abzweig stößt von links Wanderzeichen „Raute" zu uns, der wir uns anschließen. So schwenken wir an der **Bergstraße** angekommen sofort wieder rechts ein. Mit der „Raute" geht es hier im leichten Bergab nach wie vor durch einen Forst, und ungefähr dort, wo wir auf den kleinen Lohbach treffen, sind wir zurück in Dortmund. Unser Wanderzeichen bringt uns nun dem Bachverlauf folgend manchmal nicht allzu weit entfernt von der Siedlung der Berghofer Mark bis hinunter zur **Wittbräuker Straße** (B 234), an der wir die „Raute" verlassen und der Straße rechts nachgehen. Hinter der Kreuzung mit der Berghofer Straße verläuft zum großen Gewinn für Berghofen seit 2008 die neue B 236 unter der Erde. Wenig später biegen wir halb rechts ab in die **Schwerter Straße**, die uns am Rand des Ortsteils **Aplerbecker Mark** durch Wohnbebauung leitet.

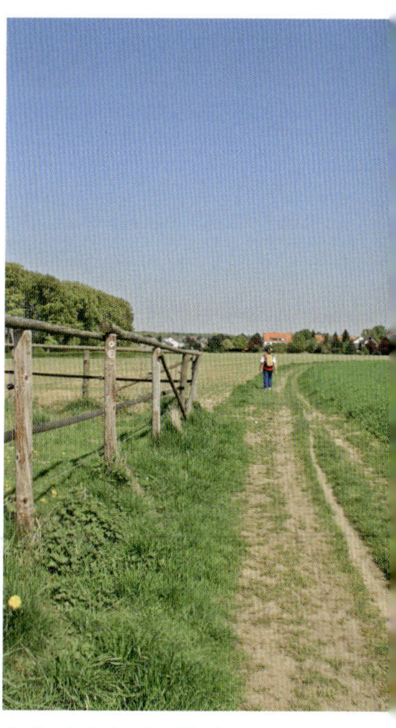

In der Aplerbecker Mark

Die Aplerbecker Mark stand früher dem Dorf Aplerbeck als gemeinsame Nutzfläche zur Verfügung. 1806 wurde sie zwischen dem Haus Rodenberg, der evangelischen Kirchengemeinde und den Aplerbecker Bauern aufgeteilt. Von 1850 an begannen die Bauern, ihr Land an die im Zuge der Industrialisierung zuziehenden Bergleute und Arbeiter zu verkaufen, so dass die Mark immer stärker besiedelt wurde. Nach dem Zweiten Weltkrieg entwickelte sie sich zu einem beliebten Wohngebiet.

Mit der **Schwerter Straße** kommen wir schließlich durch die Unterführung der Bahn, danach geradeaus durch die Siedlung und zurück zum Ausgangspunkt.

Tour 24

Von Holzen nach Höchsten

Bis Auf dem Höchsten führt uns die Wanderung zwischen Holzen und Niederhofen, wo das Ardeygebirge seinem Namen wirklich Ehre macht, aber auch schöne Blicke bereithält. Nach einem Abstecher in den Schwerter Wald erreichen wir Sommerberg und Höchsten, und durch das Niederhofer Holz geht es zurück nach Holzen.

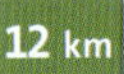

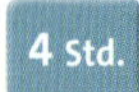

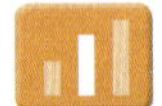

Start u. Ziel:
Ortsmitte Holzen: Heideweg/ Kreisstraße

Bus/Bahn:
Bus 432 vom Busbahnhof Hörde bis Haltestelle „Heideweg"

Wegbeschaffenheit:
Waldwege und kleine Straßen; viel Auf und Ab, dabei zwei deutliche Anstiege; für Kinder geeignet

Wegbeschreibung

Im Ortskern von **Holzen**, das noch ländlich eingebettet liegt, können wir uns den Wanderzeichen „S im Kreis" und „D im Kreis" anschließen und kommen über den **Heideweg** zum Ortsrand. Erst 1975, bei der kommunalen Neuordnung, wurde Holzen zum Dortmunder Stadtteil, während ein weiterer Teil des Ortes zu Schwerte fiel. Dünn besiedelt führt uns der **Heideweg** anschließend zur Straße **Feldmark**: Hier links und (jetzt länger mit „D im Kreis") bald wieder rechts (**Am Stucken**). Am Ende kreuzen wir den Schwerter Kirchweg und treten ein in die Feldflur am Sommerberg. Ziemlich nah verläuft hier schon die Autobahn 1, die an diesem Abschnitt die Stadtgrenze zu Schwerte markiert. Unser Weg endet unweit der Unterführung am

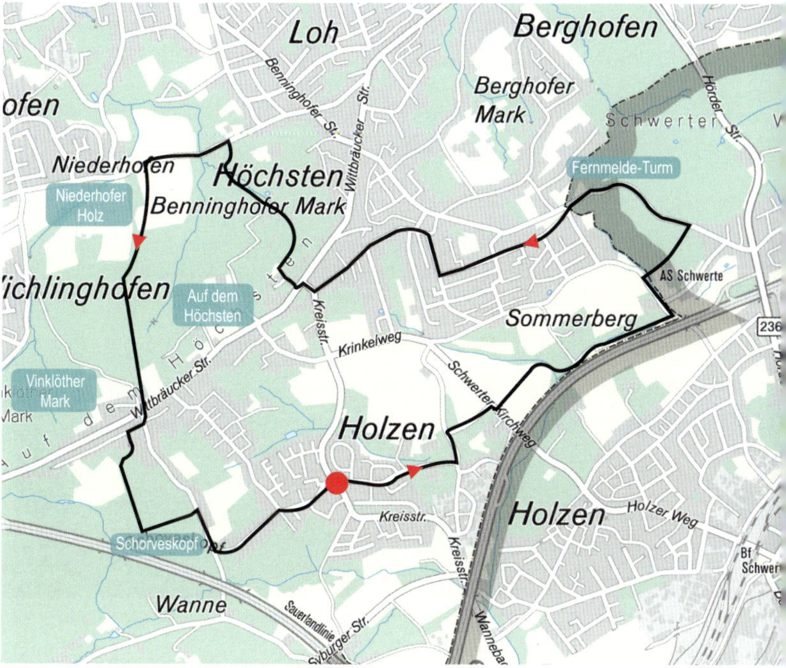

Klusenweg. Wir biegen links ein und beginnen nun den Aufstieg Richtung Sommerberg – dabei schwenkt auch die Grenze zu Schwerte an dieser Stelle nach links. Am Bauernhof vorbei liegt dann rechter Hand am südwestlichen Rand des Schwerter Waldes die Katholische Akademie Schwerte, eine überregionale Fortbildungsstätte des Erzbistums Paderborn. Wir biegen hier rechts in den Wald ein.

Der Schwerter Wald erstreckt sich zwischen Schwerte und Dortmund südlich von Aplerbeck auf einem Rücken des Ardeygebirges und zu beiden Seiten der Bundesstraße 236. Dabei misst er in seiner Längenausdehnung von Nordost bis Südwest etwa 3,6 Kilometer. Der Forst wird vom Regionalverband Ruhr unterhalten und gehört zu den beliebtesten Waldgebieten im Ruhrgebiet.

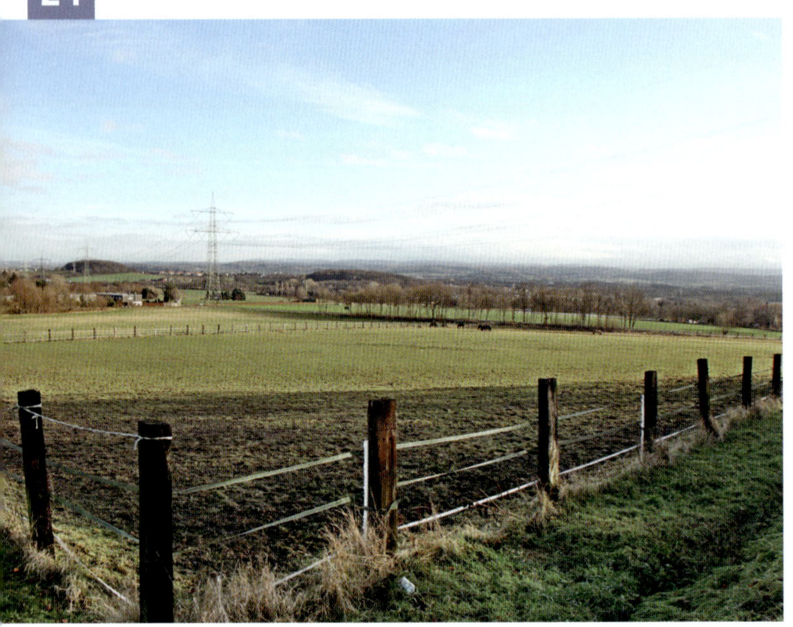

Blick von Norden Richtung Holzen

Nach rund 400 Metern treffen wir auf eine Querstraße (**Bergstraße**) am Rand des Ortsteils Schwerter Heide, der wir links (ohne „D im Kreis") nachgehen. Die Bergstraße macht bald einen Linksbogen aufwärts durch den Schwerter Wald. So kommen wir am 158 Meter hohen **Fernmeldeturm** Schwerte vorbei; dabei findet sich die Markierung „Doppelbalken", die uns nun leitet. Am Waldrand ist an der **Höchstener Straße** wieder Dortmunder Stadtgebiet erreicht. Dort halten wir uns gleich links und folgen dem Wanderzeichen rechts auf dem **Sommerbergweg** durch die Siedlung von Höchsten. Der Ort liegt direkt auf einem gut 200 Meter hohen Rücken des Ardeygebirges, und so könnte der Name nicht passender sein. Hier oben rechts in die **Knappstraße**, spazieren wir automatisch in den **Grenzweg**, der an der evangelischen Kirche vorbeizieht. Anschließend jenseits der **Wittbräucker Straße** (B 234) links und nun in den **Libellenweg**. Dort ein Stück geradeaus, dann (ohne „Doppelbalken") rechts dem schmaleren Weg nach, der uns im Bogen in die Benninghofer Mark bringt. Dabei liegen rechter Hand gleich die ehemaligen Hofanlagen der Reiterstaffel der Dortmunder Polizei. Jetzt immer dem Weg nach geradeaus kurz durch das Niederhofer Holz hinab zur Straße **Niederhofer Kohlenweg**.

Die Reiterstaffeln des Landes NRW wurden 2003 aus Kostengründen aufgelöst; daraufhin verfielen die alten Stallungen in Holzen. Nach dem Wechsel der Landesregierung gründete man dann in Düsseldorf und Dortmund neue Reiterstaffeln, doch die frühere Anlage in Holzen zu sanieren wäre zu aufwändig gewesen, und so fand die Landesreiterstaffel Westfalen mit 20 Pferden und 25 Beamten Anfang 2006 auf dem Gelände des Dortmunder Reitvereins e. V. zwischen Westfalenhalle und Fußballstadion eine neue Heimat, also ganz nah dran an den potentiellen Einsatzgebieten.

Links dem **Niederhofer Kohlenweg** nach, kommen wir über den kleinen Marksbach hinweg. Er entspringt hier ganz in der Nähe im Landschaftsschutzgebiet Niederhofer Holz nahe der Wittbräucker Straße und mündet in Hörde in den Hörder Bach. Wenig später liegt das Elisabeth-Kinderheim am Weg.

Der Niederhofer Kohlenweg war einst ein historischer Handelsweg. Er führte früher einmal vom Dortmunder Süden über Fernhandelsstraßen zur Saline Königsborn in Unna. Die gleichnamige Straße bildete den Anfang des traditionsreichen Wegs. Niederhofen als Ort kam schon in den 1920er-Jahren zu Wellinghofen, das wiederum 1929 zu Dortmund eingemeindet wurde. Geht man den Niederhofer Kohlenweg am Ortsrand entlang weiter, kommt man gleich darauf zum Café-Restaurant „Jägerheim" (Nr. 170), das bereits seit 1748 in Familienbesitz ist, und ganz am Ende der Straße (Nähe B 54, rund 20 Min. entfernt) findet man ein privates Automuseum, in dem exklusive Fahrzeuge (Jaguar, Ferrari, Horch u. a.) sowie eine Sammlung historischer Motorräder gezeigt werden.

Wir zweigen gleich bei Niederhofen am Elisabeth-Kinderheim im ehemaligen **Haus Niederhofen** vom **Niederhofer Kohlenweg** links ab und folgen jetzt der „Raute". Sie leitet zunächst leicht ansteigend durch die Felder, zieht von dort aufwärts durch den Wald und bis hinauf auf den Kammrücken Auf dem Höchsten.

i

Gut Niederhofen war ein ehemaliger Rittersitz der Herren von Niederhofen. 1242 findet man das Gut erstmals genannt, doch von dem Herrensitz sind heute nur noch das mit barocker Haube geschmückte Torhaus und zwei Flügelbauten von 1748 verblieben. Es ist als Baudenkmal bei der Stadt Dortmund eingetragen und beherbergt eine Einrichtung der Kinder- und Jugendhilfe mit Kinder- und Jugendwohngruppen.

Der „Raute" nach treten wir aus dem Wald, passieren wenig später die Gastronomie **„Overkamp"** im schmucken Haus und

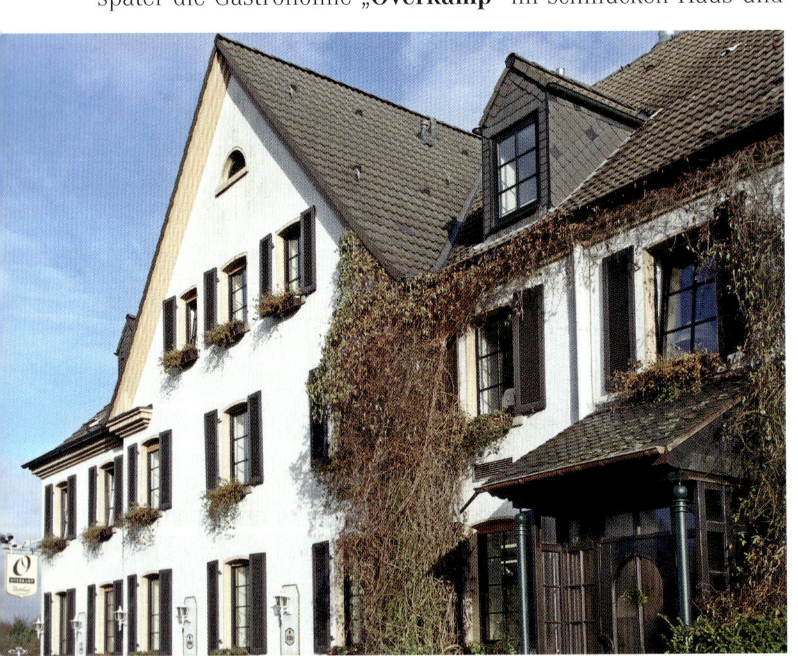

Gaststätte „Overkamp" lädt zur Rast ein

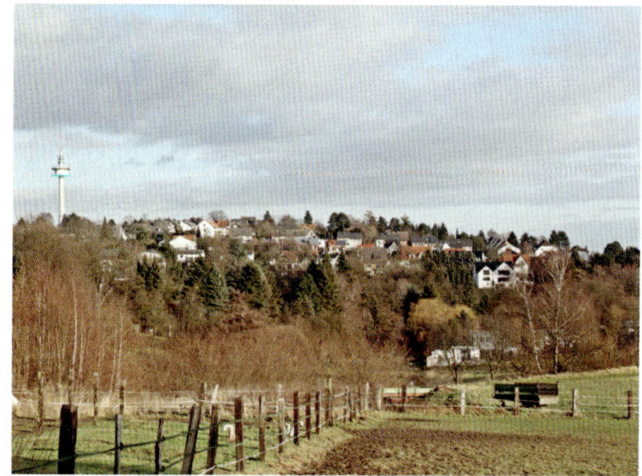

Blick auf die Siedlung Sommerberg

kreuzen noch einmal die sehr lange **Wittbräucker Straße**, die von Aplerbeck bis nach Herdecke verläuft.

Overkamp kann auf eine mehr als 300-jährige Tradition zurückschauen. Angefangen hat alles 1672 mit Johann Overkamp, der neben einer Schmiede und einer Zollstation auch einen kleinen Lebensmittelhandel und eine erste Gastwirtschaft betrieb. Im Jahr 1910 ließ Heinrich Wilhelm Overkamp einen Saal für das Gasthaus anbauen und seitdem wurde immer wieder um- und ausgebaut. Küchenchef des Hauses ist Spitzenkoch Günther Overkamp-Klein, der sich für regionale Produkte starkmacht.

Etwa gegenüber in den **Limbecker Postweg**, gleich rechts (mit „Raute") in den **Höhenweg** und nach gut 100 Metern links führt der Weg durch ein Stück Feldflur, dabei vom Höhenrücken wieder abwärts und in den Wald am Schorveskopf (185 m), wo auch die Sauerlandlinie nicht weit entfernt ist. An der ersten Kreuzung im Wald biegen wir links ab (ohne „Raute"), um am Waldrand noch einmal den **Limbecker Postweg** zu erreichen, dem wir rechts folgen. Nach ca. 400 Metern links (mit „S im Kreis") abzweigen. Wenig später bringt uns die Wohnstraße **Auf der Heide** zu den ersten Häusern von Holzen, und kurz darauf sind wir zurück im Ortskern.

Vom Hengsteysee ins Ardeygebirge

Schon lange ist der Hengsteysee ein beliebtes Ausflugsziel. Besonders viel Freude macht dort ein gemütlicher Uferspaziergang, wenn man, wie auf dieser Runde, die kleine Bergwanderung auf die Höhen des Ardeystranges schon hinter sich hat – inklusive prächtiger Ausblicke, einem idyllischem Tal bei Buchholz und herrlichem alten Laubwald.

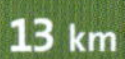

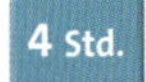

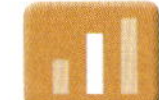
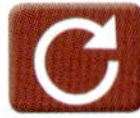

Start u. Ziel:
Parkplatz Hengsteysee, Hengsteystraße

Bus/Bahn:
Bus 432 von Dortmund Hörde Busbahnhof bis Haltestelle „Limbecker Postweg", die Tour dort starten

Wegbeschaffenheit:
unterschiedliche Wegbeschaffenheit, teilweise auch etwas unwegsam; häufiges Auf und Ab, dabei ein kräftiger Anstieg von rund 100 Hm; für Kinder geeignet

Wegbeschreibung

Vom **Parkplatz** unterhalb der **Hengsteystraße** gelangen wir hinunter zum Uferweg und folgen erst einmal den Wanderzeichen „X4" und „D im Kreis" entlang der hier in den Hengsteysee einmündenden Ruhr. Rechter Hand liegt die schmale Halbinsel, die Fluss und See noch trennt. Dort drüben kann man u. a. Tretboote ausleihen. Direkt neben uns ziehen steil die bewaldeten Hänge mit den hervorbrechenden Felsen aus Ruhrsandstein hinauf Richtung Syburg. Hoch oben auf dem Kamm des Ardeygebirges liegen die Anlagen der Ruine Hohensyburg als fantastischer Aussichtspunkt und das monumentale Kaiser-Wilhelm-Denkmal (siehe Tour 8). Wir kommen vorbei an einer Anlegestelle der Ausflugsschifffahrt und passieren bald danach die Gaststätte „Zur Lennemündung“, unweit der sich tatsächlich Lenne und Ruhr vereinen.

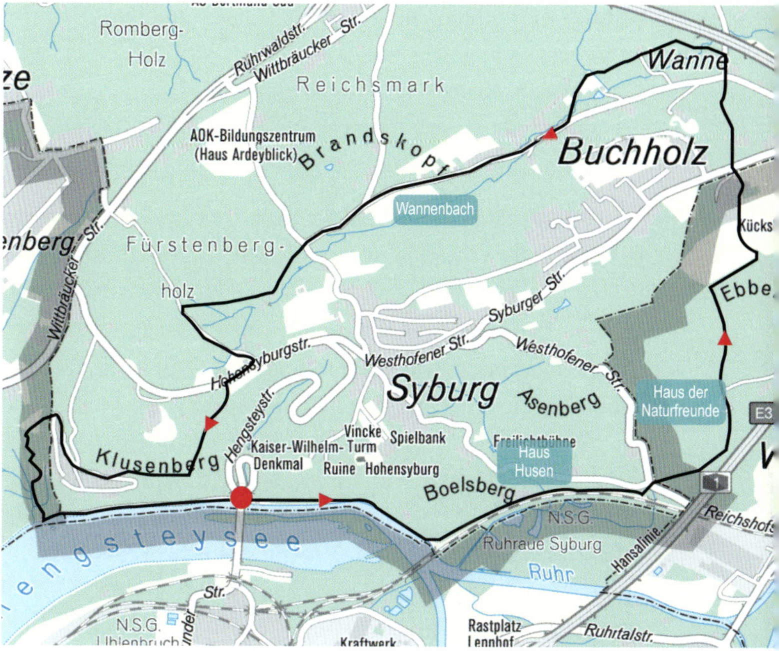

i Auf dem Hengsteysee lädt die „Freiherr vom Stein“ zu einer beschaulichen Schiffstour ein. Gleich in unmittelbarer Nähe zum Ausgangspunkt liegt die Anlegestelle „Hengstey Insel“, die über die große Straßenbrücke erreicht werden kann. Sogar das Freibad am Südufer in Hagen-Hengstey (gegenüber von Herdecke) könnte per Schiff angefahren werden, das stündlich verkehrt. Spaß macht auch

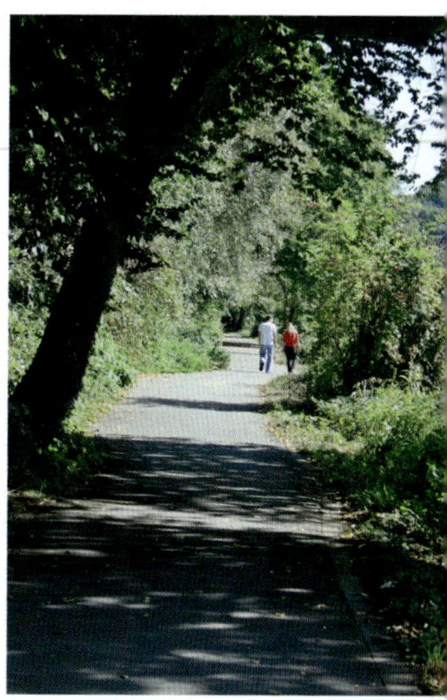

Am Hengsteysee

eine Runde per Ruder- oder Tretboot, oder man unternimmt zum Abschluss einen Abstecher hinauf zur Ruine Hohensyburg mit Vincketurm, Kaiser-Wilhelm-Denkmal und Casino. (Info zu „MS Freiherr vom Stein", Ruder- und Tretbootverleih: www.personenschifffahrt-hengsteysee.de)

Etwa auf Höhe der großen Eisenbahnbrücke schwenkt unsere Route nach links vom Ufer weg und führt unterhalb des Bölsbergs (151 m) weiter. Nach einem früheren Bahnhäuschen steigt der Weg einmal kurz richtig an, und von der Brücke aus sehen wir linker Hand in ein stilles Tal mit den markanten alten Haus- und Hofanlagen – teils aus Bruchstein, teils aus Fachwerk –, die zum ehemaligen Röhrengutshof der Herren von Husen gehörten. Nach verschiedenen Besitzern kamen sie später zur Familie von Romberg. Direkt passieren wir dann das noch immer burgähnliche Bruchsteinhaus mit seinem Wohnturm aus dem 16. Jahrhundert. Das wie eine Schule aussehende Haus dagegen, in dem die evangelische Kirche eine Bildungsstätte des Diakonischen Werkes hatte, beherbergt nun das Weiterbildungszen-

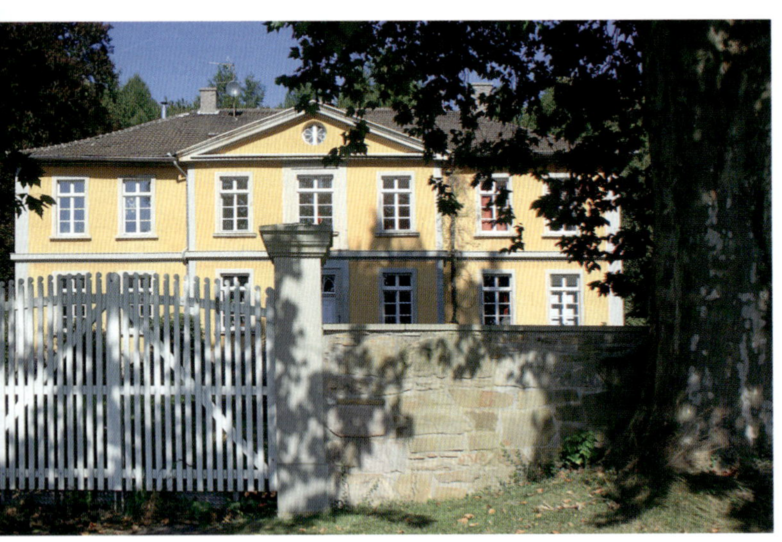

Die ehemalige ev. Bildungsstätte

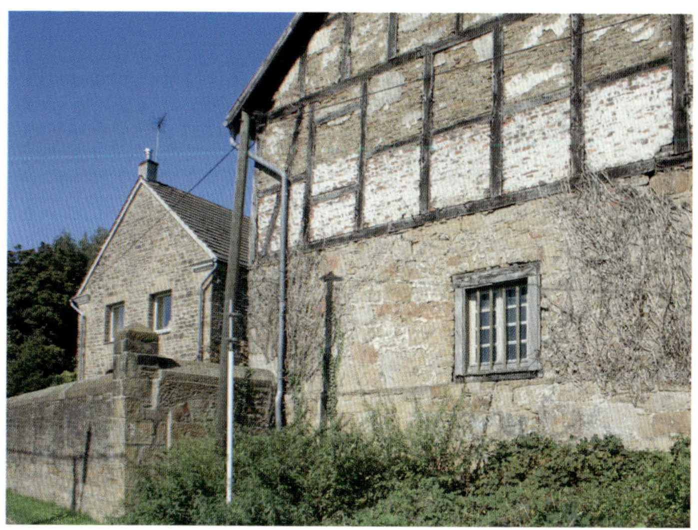

Am einstigen Landgut Haus Husen

trum einer IT-Firma. Weiter dem Asphaltweg nach, macht er eine Linkskurve hinauf zu einer Querstraße, an der wir rechts einbiegen.

Jetzt das kurze Stück der Straße nach bis zum Abzweig der **Westhofener Straße**, in die es links (mit „D im Kreis") hineingeht. Wir verlassen sie aber rechts fast sofort wieder - noch vor der Husener Mühle - und überschreiten dabei die Grenze nach Schwerte. Bald steigen wir aufwärts durch den Wald am Ebberg (222 m), dabei kommen wir der Autobahn einmal recht nahe, bevor wir das Naturfreundehaus erreichen. Danach weiter bergauf („D im Kreis"), aber nicht ganz auf den höchsten Punkt des Berges; anschließend leicht bergab, treten wir bald darauf aus dem Wald heraus in bäuerliche Feldfluren und wandern rechts am Waldrand entlang. Am Ende biegen wir links ein in die Felder (jetzt mit „S im Kreis"), kommen hinter der kleinen Ansiedlung Kückshausen zur **Syburger Straße** und sind zurück in Dortmund. An der Straße hier bei Buchholz ist zugleich der Startpunkt der Wanderung für alle, die mit dem Bus ankommen.

Wanderzeichen „S im Kreis“ führt uns gegenüber in den **Limbecker Postweg**. Im leichten Bergab wieder in den Wald, dann wird die **Wannestraße** gekreuzt, und es geht noch ein Stück weiter Richtung Talbrücke der Sauerlandlinie (A 45). Dort verlassen wir den Limbecker Postweg und biegen links (jetzt mit „Rechteck“) in den Wald ein. Der Wannebach fließt hier Richtung Schwerte, um im Tal in die Ruhr zu münden. Das „Rechteck“ leitet aus dem Wald heraus zur **Kleinen Wannestraße** und weiter zur **Wannestraße**, in die wir rechts (ohne „Rechteck“) einbiegen. So wandern wir an wenigen Häusern vorbei durch die offene, von Wald gesäumte Landschaft rund um den Wannebach. Es geht erst einmal leicht aufwärts, dabei am Brandskopf (203 m) entlang, der mitten in der Reichsmark liegt und von einem 18-Loch-Golfplatz umgeben ist. Am Ende der Wannestraße die Reichsmarkstraße überqueren, geradeaus am Waldrand weiter und nach etwa 300 Metern (gegenüber dem Haus) rechts in das **Fürstenberg-Holz** einbiegen.

An einem Hausgrundstück vorbei und weiter durch den Forst, erreichen wir einen breiten Waldweg, biegen links ein und kommen schließlich aus dem Laubwald heraus. Wenig später ist die **Hohensyburgstraße** (L 704) erreicht. Jetzt rechts ein Stück der Straße nach, dabei schließen wir uns der Markierung XR des „Ruhrhöhenwegs“ an. An der Haltestelle, die ebenfalls „Ruhrhöhenweg“ heißt, die Straße überqueren und gegenüber in einen Weg (XR), der uns nun abwärts in den Wald am Klusenberg bringt: Er ist mit 254 Metern die höchste Erhebung Dortmunds. Die Route zieht oberhalb des Sees am Hang entlang und führt uns zu den von Geländern gesicherten tollen Aussichtspunkten auf den mächtigen Felskanzeln. Über den Hengsteysee und weit hinaus nach Hagen bis zu den ersten Hügeln des Sauerlands kann man die Blicke schweifen lassen.

i Der Ende der 1920er-Jahre angelegte Hengsteysee wird von einem großen Walzenwehr gestaut und enthält rund 3 Millionen

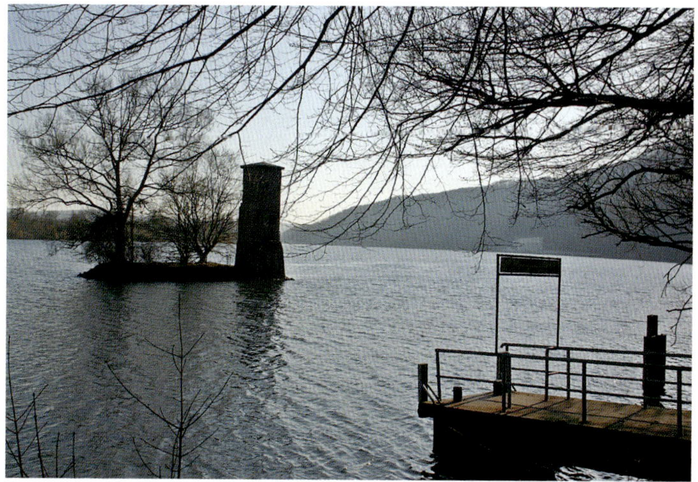

Hengsteysee beim Gasthaus „Seeschlösschen“

Kubikmeter Wasser bei einer Länge von gut vier Kilometern. Er regelt bei Hochwasser den Wasserstand, dient unter anderem der Wasserreinigung und als Wasserspeicher für das Pumpspeicherkraftwerk mit dem auf dem Kamm liegenden Speichersee. Das alte Koepchenwerk, benannt nach seinem Planer Prof. Dr. Arthur Koepchen, war weltweit erstes Kraftwerk seiner Art. Inzwischen steht es unter Denkmalschutz und wird durch eine neue Anlage ersetzt. Das historische Laufwasser-Kraftwerk Hengstey am Walzenwehr mit seinen drei Turbinen liefert bis heute Strom.

Nach einer kleinen Ansiedlung (**Am Klusenberg**) verläuft der Weg (mit XR) wieder breit am Hang und in Schleifen bis an eine Weggabelung: Hier scharf links, jetzt mit Markierung „D im Kreis“. So steigen wir durch den Wald hinab zum **Hengsteysee** und erreichen das Ufer nahe der kleinen Insel mit dem Turm und der Gaststätte „Seeschlösschen“. Ende des 19. Jahrhunderts wurde es errichtet und wird auch Villa Funke genannt, denn es war ehemals im Besitz des Schraubenfabrikanten Funke. Auf der Uferpromenade des Sees biegen wir links ein und spazieren zurück zum Ausgangspunkt.

Weitere Bücher aus der Region

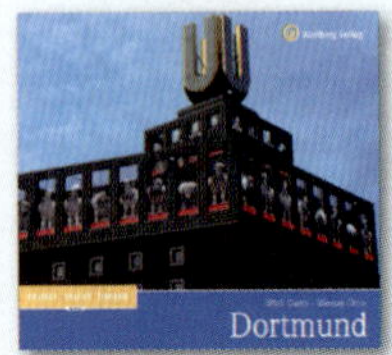

Willi Garth, Werner Otto
Dortmund Farbbildband
72 Seiten, geb., mit zahlreichen Fotos
ISBN 978-3-8313-2493-4

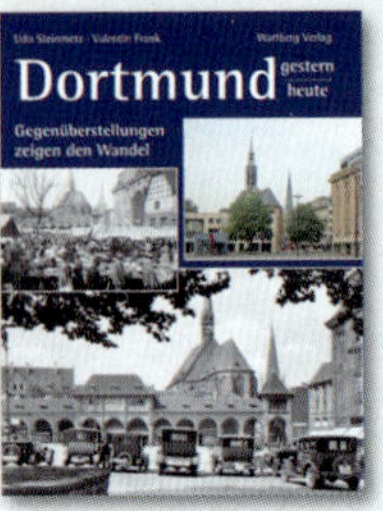

Udo Steinmetz, Valentin Frank
Dortmund – gestern und heute
64 Seiten, geb., mit zahlreichen Fotos
ISBN 978-3-8313-1675-5

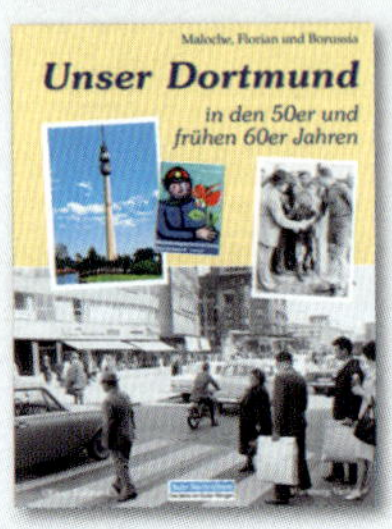

Oliver Volmerich
Unser Dortmund in den 50er und frühen 60er Jahren
64 Seiten, geb., mit zahlreichen Fotos
ISBN 978-3-8313-1918-3

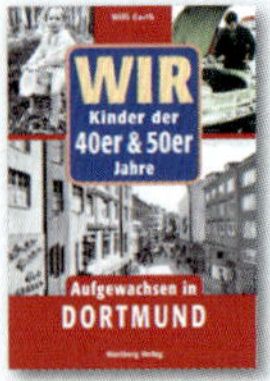

Willi Garth
Wir Kinder der 40er & 50er Jahre - Aufgewachsen in Dortmund
64 Seiten, geb., mit zahlreichen Fotos
ISBN 978-3-8313-1831-5

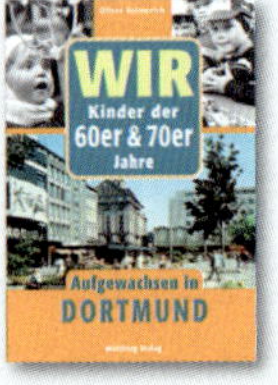

Oliver Volmerich
Wir Kinder der 60er & 70er Jahre – Aufgewachsen in Dortmund
64 Seiten, geb., mit zahlreichen Fotos
ISBN 978-3-8313-1832-2

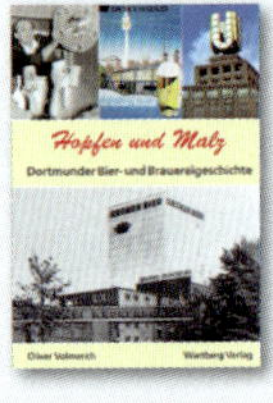

Oliver Volmerich
Hopfen und Malz – Dortmunder Bier- und Brauereigeschichte
64 Seiten, geb., mit zahlreichen Fotos
ISBN 978-3-8313-2102-5

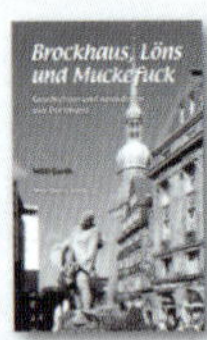

Willi Garth
Brockhaus, Löns und Muckefuck – Geschichten und Anekdoten aus Dortmund
80 Seiten, geb., mit zahlreichen Fotos
ISBN 978-3-8313-2147-6

Willi Garth
Hörde querbeet – Von Da Vinci Code bis Möppkenbrot
80 Seiten, geb., mit zahlreichen Fotos
ISBN 978-3-8313-1970-1

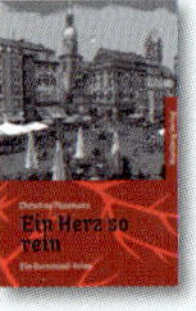

Christina Füssmann
Ein Herz so rein – Ein Dortmund Krimi
272 Seiten
ISBN 978-3-8313-2051-6

Wartberg Verlag GmbH & Co. KG
Im Wiesental 1 | 34281 Gudensberg
www.wartberg-verlag.de

Bücher für Deutschlands Städte und Regionen
Tel. 05603-93050 | Fax 05603-930528
www.kindheitundjugend.de